百年巨匠 国际版 系列丛书

人在万木葱茏中

大师 李可染

Century
Masters
Li Keran

贺 嘉 ◎ 著

敦煌文艺出版社

图书在版编目（CIP）数据

人在万木葱茏中：大师李可染 / 贺嘉著 . -- 兰州 ：
敦煌文艺出版社，2019.3
ISBN 978-7-5468-1874-0

Ⅰ．①人… Ⅱ．①贺… Ⅲ．①李可染（1907-1989）
—生平事迹 Ⅳ．① K825.72

中国版本图书馆 CIP 数据核字（2020）第 034260 号

百年巨匠 国际版系列丛书

人在万木葱茏中

大师李可染

贺 嘉 著

责任编辑：张家骝
装帧设计：李晓玲　禾泽木

敦煌文艺出版社出版、发行
地址：（730030）兰州市城关区曹家巷1号新闻出版大厦23楼
邮箱：dunhuangwenyi1958@163.com
0931-2131556（编辑部）　　　0931-8773112（发行部）

唐山富达印务有限公司印刷
开本 710 毫米 ×1000 毫米　1/16　印张 12　插页 1　字数 153 千
2022 年 4 月第 1 版　2022 年 4 月第 1 次印刷
印数：1～3 600

ISBN 978-7-5468-1874-0

定价：48.00 元

目录

Contents

第一章

赤子之心

CHIZIZHIXIN

百年巨匠

人们无法选择自己的出身，但是可以选择自己的未来，以及自己想要成为什么样的人。李可染很清楚，自己想要什么，想要做什么，保持初心，内心坚定，在绘画这条路上，不懈地努力着。也正是这样一颗赤子之心，让李可染对艺术追求终生，成为了一代国画大师，流芳百世。

第一节

出身寒门

　　1907 年春天，李可染出生于江苏徐州的一个贫寒之家。时值清朝末年，天灾无人营救，战祸连绵不断，百姓们生活在水深火热之中，苦不堪言。

　　李可染的父亲李会春是一个靠打渔为生的贫农，母亲则靠在菜市场贩卖蔬菜过活。李可染的父母结婚之后，延续自己的老本行，在打渔卖菜的间隙，为了补贴家用，偶尔也做做小买卖，期望可以改善下生活，缝补透风漏雨的茅草屋。后来黄河水泛滥，他们从老家逃荒来到徐州定居。

　　李可染的兄弟姐妹众多，他在家里排行老二，最早的名字叫做李永顺，父母当初给他取名的时候，寓意永远顺利，希望他可以平平安安，无灾无祸。对于绝大多数生活在社会

李可染故居

底层的家庭来说，在那个动荡的年代，一日三餐能够吃饱，已经是很大的满足。因此，他们从未曾想过，自己的这个儿子，会天生就对艺术带着一颗热忱的赤子之心。

李可染很小就对绘画表现出了强烈的兴趣。但是对他这样的贫民子弟来说，温饱尚且是问题，更何谈学习艺术呢？对那个时候的他来说，根本就没有机会接触到太多的文化和艺术，学画的路，漫长又艰难。换句话说，想要成为一位艺术家，在周围人看来，简直是天方夜谭。更没有人会想到，他以后会成为一代名家。

虽然日子过得清贫，但是李可染的童年过得很快乐。父母恩爱非常，相敬如宾，给了他家庭的温暖。父亲虽然不识字，但是对人诚实而有耐心，会给李可染讲各种有趣的故事，让他对文化艺术充满了兴趣和遐想，给了他最初的启蒙。母亲虽然连自己的生日都不知道是哪一天，但是性格开朗，风趣幽默，偶尔给孩子们唱点小曲儿，衣服破了她三两下就缝补好，还总会把简单的饭食变出新的花样，让日子过得有滋有味。

来自家庭的温暖，给了李可染乐观坚韧的性格，也让他对艺术有了更大的

"野心"。他渐渐开始不满足于从父亲那里听到的故事，他发现了一件更有趣的事情，那就是拿树枝等物件，在地上画画。

幼年的李可染并不了解何为艺术，也不懂绘画的原理和相关知识，他只知道，自己喜欢画画，喜欢将看到的和想象出来的场景，以画的形式还原出来。

他便利用树枝、碎碗片、勺子等物件，在地上画，有时候在墙上画，也有时候，在脑子里画。吃饭的时候，他用筷子在桌子上画，睡觉的时候就用手指在席子上画，已经到了废寝忘食的地步。从开始画一个鸡蛋，到画一只小鸟，再到画一个人物，他在绘画的世界里渐渐地找到了更多的乐趣。

但是家里并没有多余的钱给他买纸和笔，父亲有一次把李可染叫到一边，一脸抱歉地告诉他这些事情。他并没有因此觉得沮丧，用稚嫩的小手摸着父亲温暖的大手，笑着拉着父亲回家。没关系的，李可染心里很清楚，至少他还有树枝，他还有土地，他一样可以画画。

兄弟姐妹们和小伙伴们在外面疯跑着玩耍的时候，他常常一个人安静地蹲在院子里画画，一画就是一下午，从来都不觉得厌倦。他在画画的过程中，慢慢地进步，也越来越不满足。这世界上原来有这么多可以画出来的东西，对幼小的李可染来说，艺术充满了无限的吸引力和遐想。

因为酷爱画画，李可染还有一件轶事，在当地一直流传着。

徐州的百姓喜欢看戏，这当然不是坐在梨园内喝茶看戏，而是聚集在堤坝下看江湖派的"野戏"。这种戏叫做"拉魂腔"，是一种乡土气息特别浓厚的乡土戏，演得都是老百姓们生活中悲欢离合的故事，所以大家都很喜欢看。

这里的黄河故道泥沙淤积地多，抬高了河床。人们在堤坝下面的沙土上，搭起了一个茅草棚子，就成了一个简单的戏台。堤坝旁边就是贫民们集中居住的区域。对于常年为了生计奔波的他们来说，能够在堤坝底下听戏，就是当时最好的娱乐活动了。

走街串巷的戏班子，演出也极为辛苦，因为场地太简陋，一刮风就灰头土

李可染作品《上海街景》

脸的，有武打戏的时候，整个舞台弥漫在一片朦胧的尘沙之中，呛得人直咳嗽。演员的戏服也是摸爬滚打了多年的行头，破旧不堪，有时候在舞台上演得入戏，一不小心，就听得"刺啦"一声，扯破了戏服，出了洋相。好在观众们也不计较，能听到好听的戏，看到一场精彩的表演，大家已经很满足了。

幼年的李可染也爱听戏，经常跟大家一起聚在堤坝下，仰着头看舞台上的人表演。有时候周围的人会跟着打板的节奏哼唱几句，相比之下，李可染就安静多了。他听戏的方式有些与众不同，别人都盯着戏台看，他却低着头，盯着地上。

他从边上拾起一块碎碗片，把面前这一块沙土地用手和脚整理得平整些，就像是铺好了一块画布。紧接着，他就用碎碗片在这一小块儿平整的沙土地上画起画来。就这样，他一边抬头看戏，一边低头用碎碗片在沙土上画"速写"。

看戏的人越来越多，李可染身边围的人也越来越多。大家对这个有着画画天分的孩子议论纷纷。"真不错！""这孩子，有出息！""还挺像那么回事儿的！"

李可染现已成为徐州的一张艺术名片

"比我画得都好。"就这样，在徐州黄河故道的堤坝下，李可染和戏台成了一道别样的风景，大家都记住了这个喜欢画画的孩子。

有一次，李可染拿碎碗片在沙土地上画画的时候，有个人叫了他一声。他抬起头，发现自己的面前递过来一本书。那人对他说："送你啦！"他打开来看，竟是一本连环画，开心得都跳了起来。那位好心人，大概不会想到，这本连环画对李可染来说有多么重要。

这是李可染得到的第一本图画书。他不停地翻看，学着连环画上的样子在地上画，平时就把那本连环画揣在怀里，吃饭睡觉都要带着它，像是他的宝贝一样，小心翼翼地呵护着，如获至宝。对他来说，那本连环画的确是个宝贝，给了他最初的文化滋养。

人们常说，艺术是相通的。年幼的李可染，对艺术的敏感也绝对不止在画画一个方面。他还特别喜欢听音乐，没有条件去听真正的演出，他就竖起耳朵倾听身边的声音，虫鸣鸟叫，车水马龙，甚至是人声鼎沸，入耳之后，在李可染的世界里，就变成了大自然最美妙的交响乐。对一个穷苦人家的孩子来说，大自然的交响乐就是源源不断的能量，艺术的种子便深深地在他的心里植根，生长。

听惯了大自然的声音，李可染开始不满足了。他每日穿梭在巷子里，寻找好看的风景画速写，同时也在寻找悦耳的声音。杂耍、说唱、表演，他都喜欢。有一次，李可染跟小伙伴一起在街上玩耍，突然被一个美妙的声音吸引住了。那声音可真好听，比鸟儿唱歌的声音还要悦耳。

循着声音一路寻找，最后李可染在一个盲人的面前停住了。那是一位在路边卖艺的盲琴师，他戴着一副黑色的墨镜，手指轻轻触动着琴弦。李可染看不到琴师的眼睛，但是却从他的琴声里听出了深深的凄凉，如泣如诉，悠远流长。李可染听得呆了，站在原地一动不动，任凭小伙伴们拉他，也没有反应。琴师拉完了一首曲子，停下休息，他好久才回过神来，泪水在眼眶里打转。他觉得自己好像经历了一场非常痛苦的别离，哀伤让他无法移步。

李可染从来没有听过这样的琴声，他觉得这位盲琴师太厉害了，能把人听得落泪。从那以后，李可染每天都跑过来听这位琴师拉琴，默默地把旋律记下来，在心里一遍又一遍地练习，常常听到天黑透了，人都散了，他才恋恋不舍地回家。

琴师虽然看不到李可染，但是他知道这个孩子的执着，和对艺术的热爱，对他也很照顾，从不驱赶。

就这样，李可染默默地记住了很多民间曲调。11岁那年，他依靠自己的想象和所见，自己动手做了一把小胡琴。他在院子里拉那把小胡琴，把自己记住的曲子一个个拉出来，琴声悠扬，引得邻居都跑过来看。

体会到了自己创作的乐趣，李可染对艺术的追求更加强烈了。童年时代对音律的执着和喜爱，对李可染的艺术生涯也有着很重要的意义。42岁那年，李可染还特意画了一幅《卖唱图》，这幅现实题材的写意人物画，跟他以往的古典人物画风格不同，显得独树一帜。画上盲琴师抚琴的形象极为生动，仿佛能听到那悠远悲凉的琴声。

这些来自民间的特色乡土艺术，富有极强的感染力，又有浓厚的生活气息，也给李可染日后的山水画带来了更多的灵感，对他的艺术之路而言，犹如锦上添花。这些质朴的乡土艺术，真实而不做作，取自于民，还之于民，能够引起大家的深层次的共鸣,获得更高的认同感。只有不脱离群众的审美,才能够更加打动人心。

童年的贫苦生活,并未给这个叫做李可染的孩子带来自卑和阴影,反而让他更加乐观和豁达,珍惜身边的一切机会,汲取艺术的营养,让自己成长。

人们无法选择自己的出身,但是可以选择自己的未来,以及自己想要成为什么样的人。李可染很清楚,自己想要什么,想要做什么,保持初心,内心坚定,在绘画这条路上,不懈地努力着。也正是这样一颗赤子之心,让李可染对艺术追求终生,成为了一代国画大师,流芳百世。

第二节
改名

在李可染的记忆中，童年时代的生活虽然清贫，但是充满着快乐。父母为人乐观豁达，从来不把生活的苦难加诸于他们兄弟姐妹身上。在他看来，目不识丁的父母，其实是生活中的大智慧者，正是因为他们，让李可染的童年缤纷多彩，也让他可以安心地追求自己的艺术梦想。

李可染说："我的父母都是文盲，全家没有一个识字的。我没有家学，但父母忠厚、淳朴、善良、勤劳、高尚的劳动人民品德，实是我最好的家学。"

世人常说，原生家庭决定了一个人的性格。这不无道理，年幼时候的生活，对李可染的一生，乃至他的艺术生涯都产生了很大的影响，让他不断地提醒自己，对生活要时刻

李可染作品《三酸图》

保持希望，保持乐观。怨天尤人没有任何意义，如何让苦难的日子开出花，如何随遇而安，将平凡的日子过得不平凡，才是我们最应该考虑的事情。这是他在父母身上学到的最宝贵的品质之一，在他此后的人生中也得到了充分的体现，对他有着很重要的意义。

因为独特的艺术天分，李可染在同龄的孩子中显得尤为特别。别人追逐游戏的时候，他总是在想尽办法去练习画画，或者走街串巷地去听戏、看杂耍。有的小伙伴嫌他古怪，也有的小伙伴对他心生崇拜，跟在屁股后面给他鼓励和支持。

李可染是一个艺术天分很高的人,为了听曲,经常跟随卖艺的艺人听到夜深才回家。作为一个小戏迷,他的悟性也特别强,遇到喜欢的曲子,有时候听一遍就能记住,回家给父母哼唱。

对艺术极为执着,充满着热忱的李可染,也影响到了这个家庭。父母慢慢地被他感染,对他也有了更多的期待。他们日以继夜地忙碌着,尽可能多地挣钱,希望可以给小可染创造出更好的物质条件,可以让他尽情地拿着画笔在纸上画画,而不是拿着碎瓦片在地上画画。

生活并不像人们想象得那般容易,时值清朝末年,社会动荡不安,能求得安身立命已经不易。徐州虽然相对平安,但是老百姓的日子也过得不轻松。就在家家户户都想着如何吃饱饭穿暖衣的时候,李可染的父母却在做着一件让当时人看来不可思议的事情。那就是,努力培养李可染,让他去追求自己的艺术之路。

李可染回忆说:"大约是我的父母没有成套的教育子女的方法约束我的缘故吧,我在童年便自由发展成为一个艺术的倾慕者和学习者。"

省吃俭用了一段时间之后,李可染的父亲用攒下来的钱做起了小生意,在家附近开了个小饭馆。虽说挣不了大钱,但是他们的日子至少不用过得像以前那么拮据了。在经过慎重的考虑之后,父母决定把李可染送进私塾。

这对 7 岁的小可染来说,简直是天大的喜事,听说父亲在为自己念书的事情奔忙的时候,他紧张得几个晚上都睡不好觉。对于上学这件事,他内心无比期待,却又忐忑不安。依照他们的家境,去读书远不如像邻家的孩子摆摊卖菜那样来得实在。他生怕父亲会反悔,整日跟在父亲后面,乖巧得让人心疼。

直到真的进入私塾的那一天,李可染一颗悬着的心才算是落了地。他开心得像是过年一般,或者说,那种喜悦是过年吃肉的时候也无法比拟的。对李可染来说,进私塾就意味着会有先生来教他读书认字,教他弹琴画画,他坚信着,先生会带给他全新的人生。

怀着这样的信念，李可染比同期入学的任何一个孩子都要认真和勤奋。但是世事往往难遂人愿，日子一天一天过去，他发现先生并不像他想象中那般无所不知。先生虽然也对他的绘画天分有所青睐，但是并不能给他更专业的指导，帮助他提升。这个私塾里基本上都是和他一样家境不太好的孩子，毕竟先生的艺术水平也很有限。

他深知自己在画画这件事情上，懂的或许连皮毛都不算。他觉得自己就像是一叶迷失在大海上的孤舟，迫切地想要靠岸，但是又不知道该往哪个方向走。他需要一盏指路的明灯，但是私塾里的先生，可能并不是他的明灯。

经历过这一系列的心理落差之后，李可染想起父亲说的话，心里渐渐释怀了。是啊，在命运面前，人的能力是渺小的，但是只要去努力，早晚会有机会的。想通之后，李可染在学会先生规定的课程后，大部分时间就趴在桌子上写字和画画。幸运的是，先生并没有教训他，看他的画有模有样，越来越好，先生反而生出几分怜爱来。因为惜才，先生便对他多了些宠爱，只要他完成课业，不影响到别的孩子，在课堂上随便写写画画也由着他去，并没有阻止他。

在念私塾的日子里，有一件小事，对李可染产生了很大的影响。

有一次，李可染在私塾先生家院子里玩耍，无意间瞥了一眼，看到客厅的墙上挂着一幅山水画，一时之间，他竟然忘记玩耍，站在门口看呆了。他远远地看着那副画，感觉自己好像腾云驾雾飞起来了一样，在那画里的高山之巅、流水彼岸徜徉，痛快淋漓，久久无法释怀。

他走近再看，看到落款是当时的徐州画家李兰，就从心里记住了这个名字。一直到耄耋之年，这个名字还如烙印一般刻在他的心间，他曾经对人这么说："常常有人看了一张画，一辈子不能忘，如果艺术没有魅力，它是不会长久的。"

那是李可染第一次领略到泼墨山水画的魅力。他特别喜欢那浓黑的笔墨，仿佛自己置身于一种神秘的黑色氛围之中，四周氤氲的都是艺术的气息。李可染曾经这样形容:"我画画喜欢'黑',可能那次看画在我心里种下了根。"

正如他所说的那般,山水画真的在他幼小的心里种下了根,并在日后迅速长成参天大树,成为一页不朽的历史篇章。

徐州在古代还有个名字,叫做彭城。这是一座历史悠久的文化古城。千百年来,彭城一向崇文尚武。因为地处南北交界之处,大江南北的文化在这里相互碰撞和交融,融合古今,包容中西,诞生了一大批优秀的艺术家。

在当时,徐州有一个著名的书画家,叫做苗聚五,在书画上造诣颇深,作品有郑板桥、沈石田等大师的风骨,深得世人赞颂。谁家要是能求到苗聚五的墨宝,都会装裱起来挂在最显眼的位置,特别有面子,像宝贝一样,每日弹灰擦拭。

苗聚五为人豪爽,经常以文会友,当众挥毫。一次机缘巧合,有人请苗聚五先生写字的时候,李可染和哥哥躲在窗外偷看。李可染看着苗先生写下了"畅怀"两个苍劲有力的大字,感叹他笔法之妙,看得呆了,久久没有离开。

李可染内心深受感触,回到家之后,还念念不忘,想凭着记忆模仿苗聚五写字。哥哥帮他做了一支很特别的笔,那是用苎麻绳子扎起来的一支大刷笔,他还特地跑到街上买了一张很大的宣纸,让李可染写。李可染握着笔,犹豫不决,生怕自己写坏了,浪费了这么好的宣纸。哥哥鼓励他:"别怕,就像你平常写字一样就行了。"

李可染凭着自己的记忆,想象着苗聚五写字时候的样子,笔尖落定,一气呵成,在宣纸上写了"畅怀"两个大字。这两个大字,形神与苗聚五的作品极为相似,父亲便把它挂在自家饭馆的墙壁上。

偶尔来吃饭的文人见到之后,赞叹不已,说有以假乱真之妙。苗聚五先生听说了这件事之后,还特意跑到小饭馆来,给这幅字上写了题跋。因为这件事,李可染在当地一下子就出了名,大家纷纷夸奖这个小孩,年少有为。

有时候走在大街上,会有人在背后叫他小"畅怀",这两个字像是成了他的小名一样。李可染也觉得开心，对这个小名倍加珍惜。

临近过年的时候，有一天李家的小饭馆来了个客人，盯着墙上的"畅怀"二字看了很久。一边看，一边感叹："这么隽秀有力的字迹竟然出自一个八九岁的孩子之手，灵气跃然纸上，真是自愧不如啊！"当李可染出现在小饭馆的时候，这位客人叫住了他。客人笑着逗他："小畅怀，你敢不敢给我写个春联呀？"

刚开始李可染以为他在跟自己开玩笑，但是看着客人的样子，那越来越认真的眼神，他觉得又像是真的。李可染没有想到这位叔叔对自己的字画能有这么高的认可，他愣了会儿，又觉得胸有成竹，于是慎重地点头应允了。

这年的春节，李可染帮邻居们写了春联，还画了钟馗和其他门神的画像，邻居们喜气洋洋地贴在自家院门上，看起来很有派头。后来有人看到，打听之后知道是李可染所作，都特别惊讶，纷纷跑到李家来求他的墨宝。从此，一进入腊月，到李可染家来求对联、门画的人便纷纷拥上了门，络绎不绝。对于住在附近的亲朋好友来说，在自家大门贴上李可染写的对联，一时间成了一件非常时髦的事情。

时间如白驹过隙，一转眼，李可染就到了念小学的年纪。1916年，父亲把李可染送进当地的"吴氏兄弟小学"念书。到了小学，和私塾最大的区别就是，李可染终于有了美术老师，这可是他心心念念了很久的事情。

10岁的李可染已经显示出了超高的绘画天分，刚刚入学不久，他就成了学校里的名人。老师和同学们都特别喜欢他，性格乐观开朗，画画写字都特别棒，这让他得到了美术老师王琴舫先生的赏识。

王琴舫也是徐州书画界的一位名人。他擅长花鸟写意，自成一派，他的花鸟画曾在巴拿马国际博览会获得世界金奖，曾经跟王继述等人一起成立了"欧亚艺术研究会"，后又在朱心斋等人的支持下，成立了徐州艺术专科学校，这是中国近代最早的私立美术学校之一。王琴舫为人心胸宽阔，特别爱才，对后辈多提携鼓舞，为徐州书画艺术界做出了很大的贡献，功不可没。

李可染一生都对这位启蒙恩师颇为敬重。1962年，中央美术馆刚刚落成，首次展览决定采用徐悲鸿、齐白石、李可染等十几位国画大师的作品。中央美术馆原本打算展出 100 幅作品，但是当时还差了四幅，眼看着展会即将开始，大家为寻找精品画作发了愁。李可染把自己珍藏了半生的四幅花鸟画从家中拿来，最终挂在了展厅。展会当天，毛主席、周总理等国家领导人对这四幅花鸟画点评赞赏，问及画上落款之人，大家才知道，原来这就是李可染的启蒙恩师，徐州的王琴舫。

李可染的启蒙恩师王琴舫

李可染一生尊师重道，对自己的几位恩师都极为推崇。因为感念王琴舫老师给他最初的艺术启蒙，1931 年，李可染曾经回到徐州，在徐州艺术专科学校任教，义务教授学生们素描课程。

李可染永远都记得那个场景，当初王琴舫老师在看了他的画之后，认为他是一棵好苗子，根据《墨子•所染》中的同容赞赏他"孺子可教，素质可染"。

如果不是王琴舫，李可染的艺术启蒙之路，或许还在碰壁，或者说，不知道他的艺术启蒙之路是否可以看到希望。王琴舫对他的教导如春风化雨，在茫茫的大海中，给他点亮了一盏明灯，给了他力量和方向。

这大概就是缘分，一个对艺术充满渴望的孩子，在遇到一位德高望重的师长之后，如久旱逢甘霖一般，开启了属于自己的艺术之路，终于可以在艺术的滋养之下，找到自我。

也正是因为王琴舫的"孺子可教，素质可染"这句话，李永顺正式改名，世间从此多了李可染。

第三节
拜师钱食芝

　　自古文人墨客喜爱徜徉于山水景色、亭台楼阁之间寻找灵感，徐州的画家们也不例外。在徐州城墙的东南拐角有处雅致的园林建筑，名曰"快哉亭"。这快哉亭还有一个别称，叫作奎楼，是徐州古城的五楼之一，久负盛名。

　　宋朝时期，苏轼曾任徐州知州，作为一代文豪，苏轼特别喜欢游山玩水，天气晴好的时候，时常约上三五好友到快哉亭避暑，吟诗作赋。当时有人请苏轼为这亭子取名，他稍加思索之后，作《快哉此风赋》："贤者之乐，快哉此风……"快哉亭也得名于此，多年来，徐州人一直以此为荣。

　　快哉亭清幽雅致，站在亭内眺望远处，徐州城的景色尽收眼底，一直是文人和画家们的流连之处。"登临兴不尽，稚

子故须还。夕阳初隐地,暮
霭已依山。"北宋诗人陈师
道为快哉亭赋诗,流传至
今。

　　每年的暑假,快哉亭便
成了李可染最喜欢的去处。
他对快哉亭情有独钟,常常
跑去玩耍,有时候能够偶遇
吟诗作赋的文人,他便在一
旁看着,一晃就到了 13 岁。
有一次,他到快哉亭游玩的
时候,偶遇几位画师和文
人,正在室内作画。墨笔丹
青有如行云流水,荷塘、梅
花、渔村跃然纸上。

徐州名景"快哉亭"

　　有一位画师在宣纸上挥动笔墨,崇山峻岭、小桥流水信手拈来,接着他又
画了梅花,画笔在空白处圈圈点点,一朵朵嫣然盛开的梅花便呈现了出来。隔
着玻璃,李可染似乎都能够闻到花朵的芬芳。还有那幅泼墨山水画,层峦叠翠,
栩栩如生,李可染趴在窗户上认真地看,眼睛都直了,直到夜幕降临,画师们都
逐渐离去,他才依依不舍地离开。

　　因为李可染接连几日都回得特别晚,到家之后也茶饭不思,就只是拿着筷
子在桌子上戳来画去。父亲问李可染,是不是发生了什么事情?李可染把自己
白天去看画师们作画的事情告诉了父亲,他很想跟这几位画师学画,又担心人
家不肯收他,怕他以后会画不出成绩。父亲摸了摸他的头,给他讲了一个故事。

　　传说当年修雁门关,要请一位大书法家写"雁门关"三个字。但这位书家有个怪癖，不愿给人写正式的东西。于是有人提议请一个与他要好的和尚去办这件事。和尚先请他写一个"门"字，过了一些时日又请他写了个"雁"字，几个月后又请他写一个"关"字。书法家刚写到"关"字的"门"，忽然联想起"雁门关"三个字，一怒之下掷笔而去。大家没有办法，只好请另一位功力不如他的书法家补了"关"字内的"丝"。后来这三个字被刻在关上，人们在二里外只看见"雁门门"三个大字。

这是一个谈论书法、赞叹笔墨功夫的民间故事，虽然简单，但是包含了艺术的真理。父亲并没有给李可染讲多大的道理，只是告诉他，你不要考虑太多，只管勤学苦练，功夫到了家，自然就会有精神突出、气势逼人的效果了。只要你朝着目标去努力，那些画师们即使不愿意收你，你也能够学会一定的本事，迟早也会遇到更好的老师。

父亲讲的这个故事，让李可染茅塞顿开，直到七十多岁的时候，他还时常向学生们讲起这个故事，告诉大家在笔墨的练习上要下足功夫，要不怕苦，要有坚韧不拔的毅力，才能画出成绩。

从那之后，李可染放下了心里的负担，一心只想看画师们画画。一连几天，每天天不亮李可染就跑去等候，风雨无阻，趴在窗外，如痴如醉地等着观看这几位画师画画。慢慢地，里面的人注意到了这个孩子。那位画山水画的先生看到李可染对国画如此着迷，不禁感叹"后生可畏"，遂邀请他进屋看画。

李可染进屋之后，只顾着看画，完全不顾繁文缛节，趴在桌前仔仔细细地欣赏各位画师的作品，连连发出赞叹，已经全然忘了自己是个不速之客。一位先生呵呵笑着，问他叫什么名字，他才突然反应过来，忙不迭地回答。

当被问及为何会天天趴在窗外看他们画画，李可染说，自己从小就特别喜欢画画，但是之前从来没有见人现场画过山水画，觉得特别壮美，看起来荡气回肠，又有着诸多细腻的地方，他完全被这些画迷住了。

大家颔首微笑，这个孩子看起来挺有悟性，就答应让他天天来看画了。李可染主动提出要为画师们研墨，一大早他就提着小桶跑去井边打水，然后回到画室内研墨，之后便安静地站在一侧，等着看他们画画。画师们运笔如行云流水，气韵浑然天成，妙趣匠心独具，李可染站在旁边看，心里也默默地记住了他们的一些笔法和技巧。

回到家之后，李可染凭着记忆，把白天看到的全幅山水大意临摹了出来。这件事情让画师们知道了，要求看一看他的作品。当李可染把自己临摹的作品展开的那一刻，所有人都吃了一

李可染的恩师钱食芝

惊。一开始他们只注意到了这是个喜爱国画的孩子，但是未曾想到他的天赋竟如此之高，用心如此之纯。

当时的几位画师之中，有一位德高望重的先生，叫作钱食芝。大家看了小可染的作品之后，纷纷提议让他拜钱老为师。李可染当然愿意，充满渴望地望着钱食芝，不卑不亢地问："先生，您愿意收下我，教我画画吗？"遇到这样的人才，钱食芝自是喜不胜收，爽快地答应收李可染为徒。

十多岁的孩童，大多还在玩闹的年纪，鲜有像李可染这样有耐性，有韧劲，关键是对画画有热情的孩子。看着眼前谦虚好学的小可染，钱食芝先生甚感欣慰，他认为李可染在绘画这件事情上，天资极高。在正式决定教他学习山水画之后，钱食芝先生花费了半个多月的时间，为李可染画了一幅山水中堂，作为见面礼。钱食芝先生还特意为这幅画写了一篇长长的题跋，并将自己对李可染的称赞写入律诗之中："童年能弄墨，灵敏世应稀。汝自鹏抟上，余惭鹬退飞。"

这诗中之意如此明显，钱食芝形容喜爱弄墨的李可染，将会如大鹏展翅一样，以后大有一番作为，而自己则如同鹬鸟，正在冉冉倒飞。长江后浪推前浪，钱食芝在字里行间表达出对李可染极大的认可，这也给了李可染信心和希望，

李可染作品《黄山烟霞》

让他可以正式接触到传统的山水画。

钱食芝擅长画山水，画梅花的水平也相当高。他的山水画师法清代画家王石谷，书法追摹汉魏碑刻，兼学清代书法家刘石庵，诗学陶渊明。出于对国画的爱好，钱食芝和苗聚五、杨侯、阎咏佰等人一起创办了"集益书画社"，相互切磋交流，在徐州一带颇负盛名。而快哉亭，就是"集益书画社"经常活动的地方。

13岁的李可染开始跟着钱食芝学习王石谷一派的山水画，全心全意研习国画，学习前辈们的玄妙墨法和意境。当时学画，他跟着钱先生走的是传统"四王"的路子。"四王"是中国清代绘画史上一个著名的绘画流派，其成员为王时敏、王鉴、王翚、王原祁四人，因四人皆姓王，故称"四王"。"四王"技法功力较深，画风崇尚摹古，他们所开创的正统派山水画影响遍及有清一代。

但是当时中国的美术书画界正在经历一场革命。"五四运动"之后，康有为倡导恢复帝制，陈独秀则拥护立宪制，两个人虽然在政治观点上思想迥异，然而在艺术方面，一致认为，美术改革是必然的，也是亟待解决的问题。

康有为提出"中国画学至国朝而衰弊极矣。岂止衰弊，至今郡邑无闻画人者。其遗余二三名宿，摹写'四王'、'二石'之糟粕，枯笔数笔，味同嚼蜡，岂复能传后，以与今欧美、日本竞胜哉？"来抨击"四王"，言辞激烈狠辣，毫不留情。

传统的"四王"遭到了强烈的抨击，各地的艺术流派也渐渐意识到了"四王"画派的陈旧，认为他们过分强调笔墨，因循守旧，已经过时了。在这种大环境下，"四王"的正统派难以生存，最终慢慢地退出了历史的舞台。

幸运的是，李可染没有受到这种主流思想的侵蚀，他在学习传统山水画的过程中，找到了快乐，看到了国画的未来和希望，一直坚持初心，没有放弃。传统画的学习，在李可染的一生中起到了至关重要的作用。也正是因此，他对待中西方文化间的差异，一直保持客观而中立的态度，从来不会对传统持完全否定态度。他认为"中学为体，西学为用"，文化就应该取其精华，去其糟粕，只有糅合中西方的优势，取人所长，补己之短，才能让自己得到更大的进步。

正如很多老派画家所秉承和坚信的那般，中国传统山水画代表了中国传统的文化精神，没有传统文化的根基，就谈不上文化精神。因为这种想法，李可染在后来美术主流思想变革的年代，慎重地思量之后，毅然决然地回归到传统文化的方向，拜入齐白石和黄宾虹两位大师门下。选择了，就要去拼，去努力，去做出成绩，这样才对得起自己，才在日后回想起来的时候，不捶胸顿足，悔不当初。

正是得益于早年学习传统山水画的经历，李可染后来的艺术修为愈加深厚，到后来，他在山水画的造境中，能够一直与笔墨相连，成为自己独特的"招牌"——那就是"宏伟、博大、壮美、深秀"的山水画造境观。这些对李可染一生的绘画都产生了深远的影响，也为他以后的成绩打下了扎实的基础。

如果说王琴舫是李可染在追求艺术道路上的启蒙老师，在茫茫大海中给他点亮了一盏明灯，指引方向，那么钱食芝就是李可染山水画的启蒙老师，是那个在黑暗和风雨中，引导李可染朝着目标努力前行的人。

为人师者，良好的品德和艺术成就同等重要。如果不是钱食芝等几位先生对这个陌生孩童心怀善意和关爱，李可染不会有机会走进那个房间，也有可能和山水画失之交臂。也正是由于这次机缘巧合，让李可染对国画艺术产生了浓厚的感情，对他来说，国画像是一块磁铁，将他深深地吸引住了，让他快乐，使他迷恋。他从山水画中，看到了自己一颗怦怦跳动的心。

李可染年迈时，在回忆起自己的恩师钱食芝的时候，这么说道："他是我的恩师，是他把我带进了传统艺术道路，要是没有钱老师，我也没有今天。我虽然现在已经七十多岁了，对我的老师，是永远不能忘记的。"

第二章

初露锋芒

CHULUFENGMANG

虽然沉迷述绘画和京剧艺术，但是李可染时刻都记得，自己是一个中国人。在杭州「一八艺社」的那段时问，在和张眺朝夕相处的日子里，他明白了一件事情，艺术和国家的命运是息息相关的，正如他所承的理念一样，他的艺术，最终是要为祖国、为人民服务的。

第一节

献身绘画

到了 1923 年的夏天，16 岁的李可染高校毕业，父亲的生意经营得还算不错，虽然家里的条件不算很好，但也不缺吃穿，父母决定拿出所有的积蓄，支持他到专业的艺术学校去追求自己的理想。

依依不舍地跟家人告别之后，李可染收拾好简单的行李，在父亲的陪同下，离开了家乡徐州，去上海求学。当时在上海有一座私立的图画美术院，大家都叫它上海美专，在海内外艺术界的名号都是响当当的，是众多学子们向往的所在。

这座学校由刘海粟创办，是中国现代意义上的第一座美术学校，在中国现代艺术教育史上具有相当重要的地位。

美深約閎

蔡元培题

蔡元培为上海美专所题学训

上海美专首开海派美术教育先河，创造了全国之最，对国内艺术教育，乃至国际艺术教育界都产生了很大的影响，也是如今南京艺术学院的前身。上海美专经历 40 年，培养了一大批新型美术人才，程十发、潘玉良、陈秋草、任意、李可染、沈之瑜等知名艺术家都曾经在这里就读学习。康有为曾为上海美专亲笔题写"存天阁"，蔡元培赐"闳约深美"校训，傅雷、胡适、潘天寿、吴昌硕等都曾在上海美专授课或讲座。蔡元培、梁启超、黄炎培、孙科等都曾任校董。

李可染也是慕名而来，希望能够在这里开阔眼界，学习中西方美术知识，提升自己的艺术修养。他在上海美专就读普通师范科，主要学习图画和手工。两年的学习，让李可染开阔了眼界，同时也更加清楚自己的追求。

作为一个只身在外求学的少年，李可染并未感觉到过多的寂寞，他把大部分时间都用在了画画上，有空就会去看美术展览。耐得住寂寞，才能受得住繁华，因为对美术的专注，他的内心充实而笃定。

事实上，在这所大名鼎鼎的上海美专里，李可染所学到的知识对于他所追求的山水画创作并没有太大的帮助。当时学校里盛行洋人的生活作风和习气，社会环境也没有那么纯粹，开始变得浮华。李可染还记得，有一次在音乐课堂上，有个同学在弹奏钢琴曲的时候，弹了一首《梅花三弄》，这是最传统的中国音乐，弹得特别棒，他差点儿拍手称赞，然而音乐老师却严肃地批评了这位同学。这个音乐老师是在国外留过学的，他认为学生用钢琴弹奏中国的曲调是对神圣的钢琴的最大侮辱。这件事件，让李可染一度无法理解，为何中西方文化和艺术，必须站在对立的角度？

早期上海美专的校门

然而仅仅两年的时间，这个年轻人用他的作品和实力，用最传统的中国山水画作，让上海美专永远记住了他。

1925年，李可染刚刚满18岁，这一年也是他即将毕业，离开上海美专的时候。在毕业创作时，李可染即兴创作了一幅王石谷风格的细笔山水中堂，笔墨自由洒脱、潇洒出尘，一气呵成，畅快淋漓。老师们看完之后，交口称赞，连校长刘海粟看了也连连赞叹，还亲自为这幅画写了一篇跋文。

在这一年的毕业创作展览上，李可染的作品前面围满了攒动的人群，可谓出尽了风头。大家对这幅画研究了许久，议论纷纷。有学生认为，这样高水平的创作，根本不像是一个十八岁的年轻人可以完成的，怀疑李可染使诈，甚至认为这幅获得毕业排名第一位的画根本不是他画的。

然而在看到校长刘海粟亲笔写下的题跋时，大家都不再怀疑了，他们对这个年轻人充满了敬佩。这幅毕业作品中，包含着浓重的赵（孟頫）、董（其昌）笔意和"四王"风格，当得知李可染十三岁时已经开始跟着钱食芝先生学画之后，大家对他的敬意更加深重了。

在上海美专学习的两年里，有两件事情让李可染记忆深刻。一件是有幸看到了吴昌硕的画，让他叹为观止。吴昌硕是海派艺术后期的大师级人物，是晚清民国时期的著名国画家、书法家、篆刻家，他将海派艺术发扬光大，是名副其实的一代宗师。他的作品影响了一大批画家，包括齐白石、潘天寿、李可染等人，对近现代书画艺术也产生了深远的影响，在书画界具有划时代的意义。

也正是因为看到了吴昌硕的作品，让李可染感受到了海派艺术的魅力，再后来不断地尝试，博采众长，让自己的作品更加丰满。

另一件事,是在一次学校的纪念会上,李可染听到了康有为的演讲。刘海粟校长经常邀请学者名流来学校举办演讲,这其中包括蔡元培、梁启超、康有为、胡适、郭沫若、陈独秀、徐志摩等知名人士,以此活跃学校的艺术氛围,鼓舞学生们追求艺术的高峰。

虽然康有为一直不认同"四王",但是这些年他周游列国,见识广博,其言论在美术界也很有分量。在上海美专的那次演讲上,他提出了中国唐宋绘画体现唐宋文化艺术精神核心,是中国工笔绘画发展水平的里程碑,同时也是世界艺术高峰的理念。这极大地震撼到了李可染,他更加坚定了学习国画的信心。

康有为大概未曾想到,在听他演讲的众多学生中,有一个叫作李可染的年轻人,因为自己的一席话,被激发出了斗志,从此立志终生献身于绘画艺术。

离开上海美专之后,李可染回到了家乡徐州。很快他就收到了省立徐州第七师范附属小学的邀请,任职美术老师,同时也在徐州艺专任教。为人师表,让李可染的身上更多了一份责任感。他尽心尽力教授学生,又会和大家打成一片,对待学生们平易近人,从来不端着师长架子,深受大家的喜爱,一时之间成为学生们敬佩和模仿的榜样。课堂之外,李可染从未停止过绘画,他在不断地努力和钻研,力求在绘画艺术上,再上一个层次。

李可染喜欢听京剧,有空的时候,也喜欢拉胡琴。有一次,学校里排练话剧,需要音乐伴奏,学生们邀请李可染为大家拉胡琴配音。本来还有些担忧,怕这样会让李老师没面子,没想到他很爽快地就答应了。学生们都特别喜欢和李可染老师待在一起,在演出的时候,他还会主动帮学生们化妆,用良师益友四个字来形容他再贴切不过。

这一年,徐州的军阀张宗昌为他的母亲庆祝寿辰,请来了当时京戏界的众多巨匠们来到家里唱堂会。余叔岩、杨小楼、荀慧生、钱金福、程砚秋、尚小云……这些大师每一个在民间舞台上演出都足以达到万人空巷的场面,更何况他们同时出现在戏台上,将是怎样一场盛宴啊!

李可染作品《江城朝市》

　　李可染有幸看到了这场演出,他在台下听得如痴如醉,被他们圆浑流畅的精湛唱腔和干净大气的身段深深地吸引住了。传统文化艺术和古老东方韵味所带来的美感,是现代流行的西方音乐所无法比拟的。那种震撼,那种程式化的艺术表现形式,正如李可染所研习的"四王"流派一样,有着自己独特的魅力,直指人心。

　　李可染再次感受到了中国传统艺术文化的魅力,这场堂会让他叹为观止。人外有人,天外有天,没有置身于内的人,是无法感受到的。这场精彩绝伦的艺术表演除了给他带来一场视听盛宴之外,也让他开始不满足于自己现在的成绩,他越发觉得,中国传统艺术博大精深,自己还有很长的路要走。如果继续留在徐州任教,他肯定会错失掉更多学习和成长的机会。他的绘画之路才刚刚开始,不能够就这样被困在安逸的教学环境里,停步不前。

　　这一晚,李可染在床上辗转反侧,彻夜难眠。他的大脑里在飞速闪现着自己以往所见到的精彩画作,还有堂会上余叔岩悲怆的唱腔,以及诸位京戏大师们举手投足之间的精湛技艺。这些场面交替出现,不断地敲打着他的内心,让他激动得无法入眠。

　　经过慎重的考虑,李可染决定要重新寻找机会,考入更高的艺术学府,追求自己的绘画艺术梦想。

第二节

艺考风波

美专毕业后，李可染在徐州教了三年的美术课，后来听人说杭州成立了一所西湖国立艺术院，由著名画家林风眠担任校长，是一所适合深造的好学校。听到这个消息，李可染心情激动，难以平复，他苦苦等待的机会，终于来临了。

他回到家中跟父母商量，自己想要报考西湖国立艺术院首届油画研究生，同时也说出了自己的担忧。家里的经济状况并不太好，而且李可染当时的学历太低，只相当于初中二年级的水平，报考难度可想而知。看着愁眉不展的李可染，父亲鼓励他，以你的水平应该可以考上，我们都对你有信心。最坏的结果，也就是再回来当老师，没什么大不了的。至于学费的事情，不要你操心，我跟你母亲会想办法。母亲

杭州国立艺术院

转身进了里屋，片刻工夫之后，拿出 20 个大洋，这是家里所有的积蓄。一直以来，在李可染学画这件事情上，全家人都鼎力支持。

就这样，李可染带着家人的期望出发了。这一次跟去上海艺专的时候不同，他踌躇满志，带着必胜的决心。这是 1929 年，李可染年满 22 岁，正是意气风发的年纪，初生牛犊不怕虎，在绘画上的积累和天分，让这个年轻人无所畏惧。这一年，对李可染来说意义重大，毫不夸张地说，决定了他以后的人生轨迹。

西湖国立艺术院，在李可染入学后的第二年改名为杭州国立艺术院，至 1993 年正式更名为中国美术学院。创校之时，由林风眠担任校长。林风眠此前曾经在北京国立艺专任校长和教授，是当时非常有名气的书画界大师。杭州国立艺术学院于 1928 年成立，蔡元培曾亲手题了"杭州国立艺术院"的校碑，就位于艺术学院的大门外。

杭州国立艺术院的办学理念和上海美专有所不同。林风眠以"学术自由，兼容并蓄"为建院方针，以介绍"西洋艺术，整理中国艺术，调和中西艺术，创造时代艺术"为目标。在聘请老师方面，林风眠从来都不拘泥于制度和门户，因此学校的艺术氛围浓厚,而且相当自由,学生们可以天马行空,发掘自己的潜力,自主选择,自由定向。

那几年,正是写实派与抽象派产生争锋的年代,学校里当然也免不了存在争论,而且相当激烈。老师和学生们经常去向林风眠请教,请他决断孰是孰非,但是林风眠从来都不偏向任何一方,不偏不倚,忠于艺术,还艺术最大的自由与空间。因为坚持自己的原则,有自己的处世哲学和立场,林风眠在师生中获得了一致的好评,并赢得了尊重和推崇。

这样一所高质量的学校,想要进入并不是那么简单的事情。报考杭州国立艺术院的研究部,是需要考油画的。李可染初来乍到,此前对油画可以说是一无所知,一时之间有些手足无措。有个来自山东的叫作张眺的青年,和李可染一样是前来应考的,他和李可染一见如故,言谈之中发现李可染似乎遇到了难题,便询问他发生了什么事情。知道他为了油画的事情一筹莫展之后,张眺拍了拍他的肩膀,让他别担心,并且说道:"我教你。"

就这样,张眺对李可染进行考前突击辅导。虽说是临时抱佛脚,好在李可染有着不错的山水画功底,因此学起油画来也没有多少阻碍,经过一晚上的学习之后,他很快就掌握了技巧。李可染内心十分感激,他把对张眺的感激化为学习的动力,他清楚,只有自己努力考上杭州艺专的研究生,才能对得起张眺的恩情。

考试那天,李可染现场画了巨幅人体油画,笔力雄劲,画风大胆,瞬间就抓住了众人的目光。校长林风眠看到了他的作品之后,频频颔首。得知他的学历不够,慧眼识才的林风眠校长也并未拘泥于规矩,直接破格录取了这名优秀的学生。后来大家得知李可染是第一次画油画,都觉得他的天资极高,很多同学都跑来围观,想要目睹一下,李可染到底是何方神圣,仅凭考前突击学习就可以超越七年的学历,得到校长的青睐,被破格录取。

遗憾的是,张眺临场发挥失利落榜了。李可染觉得甚是可惜,做人要懂得

李可染作品《无锡梅园》

知恩图报,念及张眺对自己的帮助,他也决定为张眺做些什么。李可染在林风眠校长的办公室外来回踱着步,徘徊了很久,不肯离去。林风眠感觉这个学生似乎有什么难言之隐,于是把他叫进办公室问个究竟。李可染态度诚恳地向林风眠校长说明情况,向他极力推荐张眺,并对他的能力和人品大加赞扬。因为李可染的推荐,林风眠答应再见一次张眺。听张眺讲述完自己的学画志向之后,林风眠被这个青年打动了。最终,他答应一并录取了张眺。

在杭州国立艺术院,李可染和张眺的艺术天分都得到了充分的发挥。当时学院的主流思想是后印象派,塞尚、高更的画风对学生们影响颇深。林风眠认为艺术应该是开放的、多元化的,为此他特地从法国聘请当时的著名油画家克罗多先生到杭州国立艺术院任教授一职,教授学生们正统的西方油画和素描、色彩技巧,以及人体结构等课程。

关于克罗多老师,还有一段小插曲。李可染画油画的时候特别喜欢用黑色,有一次正画得认真,连克罗多老师什么时候走到他的身边他都没有注意。突然克罗多老师伸手摸了摸他的额头,自言自语,没有发烧呀?李可染愣了愣,接着听到克罗多老师说,没有发烧怎么能看不清颜色呢?一张画纸上都是黑色,根本不符合色彩学呀?李可染闷声低头,并未答话,直到克罗多老师离开。

时任杭州国立艺术院教授的
克罗多先生

李可染以为克罗多老师会对自己有成见,没想到隔了几天之后再见面,克罗多老师主动跟他打招呼,还告诉他,自己思来想去,那天那么批评李可染的做法是不对的。因为李可染毕竟是东方人,东方人的绘画基调本身就是黑色的。他告诉李可染:"东方人的黑眼睛、黑头发就是一种天然的东方美呀,我怎么能不允许你用黑色呢?你今后照用就是了。"这让李可染深受感动,他未曾料到,克罗多老师在艺术上如此民主,他后来回忆这段往事的时候,说:"正因为国立艺术院有这样的环境和氛围,所以才能使各种艺术门类尽快地成长、发展。"也源于此,李可染对克罗多老师尤为喜爱和敬重。

这位老师主要教授的课程就是素描和油画。作为一个油画和素描的门外汉,正式入学后的课程对李可染来说并不容易。大部分的同学在这两个方面都有一定的基础,然而李可染属于跳级考试,本身缺乏根基,在学习和理解的时候,也有些吃力,他和同学们的差距很大,更不要说去赶超同学们了,那简直是难上加难。

每次美术课上,李可染看到同学们对着台上的模特毫不费力地画着素描,他内心就忍不住觉得难受。画画完毕之后,他经常把自己的作品倒着挂,有时候故意反过来挂,怕被别人看到,毕竟连他自己都觉得画得糟糕。人外有人,天外有天,他觉得自己的底子太薄弱了,只有加倍地努力,才能有希望。

李可染付出了比同学们更多的时间和精力,经常在画室里画到熄灯才依依不舍地离开。为了练好素描,他拿着木炭条反复地练习,以提高自己的素描水平,经常把纸上弄得乌黑一片。就这样,经过刻苦地学习和训练,他仅仅用一年的时间,便在期末考试的素描成绩中排名全院第一。

他拿古人"头悬梁锥刺股"的精神鼓励自己,在画架上面写了一个小小的"王"字。没有人知道,其实那个字,他原本是想写"亡"的,以提醒自己要有"亡命精神",要以这样的态度学画,学出成绩。他怕同学们看到"亡"字会产生误解,才故意写成了"王"。每次画画的时候,他都会看到那个"王"字,提醒自己加倍努力。就这样,李可染"一字座右铭"的事迹流传了下来。

因为林风眠的不拘一格,李可染有机会进入杭州国立艺术院,在这所学校的学习,为李可染艺术风格的形成和他以后的艺术成就都奠定了良好的基础。

杭州是一座特别秀美的城市,它让李可染第一次真切地感受到了祖国大好河山之美。李可染画画从来都不是闭门造车,或许跟他小时候的作画经历有关,他更喜欢将自己融入到风景和世俗的人情中,有感而发,用最真实的感触去画出内心的波澜。在杭州艺专学习期间,他几乎跑遍了杭州所有的景区,对大街小巷的布局都了如指掌,简直是杭州的活地图。他常说:"杭州的哪座山什么样,哪里有一棵什么样的树,我都知道。"这话其实一点都不夸张。有一次,同学不信,故意拿出自己画的一棵树给他看,问他这是哪里。没想到李可染稍加思索就答出了这棵树的位置,说出了同学这幅画是在哪里画的。除了惊人的记忆力之外,只有不懈的努力和一遍一遍地实地游览加深记忆,才能够做到如此啊!

人杰地灵的杭州给了李可染很多的灵感,他画了大量的画,有油画,有山水画,也有素描。他的画也开始不再拘泥于传统的方式,他在试着结合中西方的文化精粹,试着将它们融进自己的作画风格中,给自己的作品多增加一些阅历和底蕴。

大家都知道,李可染酷爱拉胡琴,除了绘画之外,大概只有胡琴能够让他

对于胡琴的喜爱伴随了李可染的一生

感到放松和愉悦了。拉了差不多十年的胡琴,他的水平已经很高了,而且他拉出的胡琴音色动听,在学校里是出了名的,大大小小的活动,同学们都愿意请他去伴奏,并以邀请到他出席为荣。

李可染走街串巷的时候,也经常带着他的那把胡琴,画画画得累了,就取出胡琴,拉一首曲子。他喜欢到岳坟附近拉胡琴,那里离他住的地方不远。因为琴声悠扬,婉转动听,附近经过的游客和小商小贩们经常会围在他旁边听。大家都很有默契地不去打扰他,只是静静地欣赏这美妙的音乐。虽然李可染只是个穷学生,但是他的艺术修养和谦逊乐观的人品,让他在人群中赢得了尊重和好感,大家都很愿意去结识这个多才多艺的年轻人。

李可染人缘特别好,究竟好到什么程度呢?船家会在太阳落山之后,把自己的船免费借给李可染,让他在湖中游玩。对船家来说,船可是他们的生命,是他们赖以生存的饭碗,能把船毫不犹豫地借给他,这是多大的信任和鼓励!

说到人缘好，还有件事情不得不提。李可染因为跳级，缺漏了很多文化知识，他自知底子薄，入学之后就特别拼命，对文化知识充满了渴望。除了和张眺每天早上晨读两小时之外，他每天都会在图书馆里花费大量的时间阅读和学习，如饥似渴。按照惯例，学校图书馆每天中午是要清场的，然后落锁，直到下午两点以后才会再次开放。李可染每天进了图书馆之后就争分夺秒地抓紧时间阅读，经常图书馆的管理员催促了好几次，他才依依不舍地合上书离开。后来，他央求管理员，可否把自己反锁在图书馆内，他保证不会搞破坏，他只想看书，他太需要这些文化知识的滋养了。管理员一直很喜欢这个勤奋的孩子，见他对学习如此执着，就同意了他的请求。就这样，李可染成了全校唯一一个例外，可以在中午的时间被反锁在图书馆里继续阅读。这样一来，李可染就没了去食堂吃午饭的时间，于是他常常在书包里放上一兜烧饼，等中午图书馆闭馆之后，他就把烧饼拿出来，一边看书一边吃，一整天就在图书馆里待着。若说那时的李可染是"书痴"，一点都不为过。

李可染认真进修了中国美术发展的历史，还自己编纂了一份中国美术史发展年表，上面把历朝历代的美术名家和他们的知名作品一一列举，对他的绘画学习有很大的帮助和参考价值。他把这份年表贴在自己宿舍的墙上，每天睡前，躺在床上之后，他都会再从头到尾默读一遍。

就是凭着这样的韧劲，李可染在杭州国立艺术院学习这段时期，学习到了最纯正的西方美术知识，也了解了最真实的中国美术历史。艰辛的磨砺会换来飞速的成长，海纳百川，将中西方的美术理念和思想融会贯通，让李可染能够更好地发现自己的优势，找准自己的定位。

第三节

"一八艺社"

在杭州国立艺术院学习期间，李可染和张眺除了是学习上的伙伴之外，也是生活中的患难好兄弟。由于两个人家里条件都比较困难，李可染和张眺商量之后，决定合租，住到岳坟附近的一座危楼里，因为这里的租金非常低廉，他们两人每个月只需要出一元钱的房租就可以了。这处危楼里的楼道连栏杆都掉完了，破旧不堪，但是他们并没有觉得苦，有一个可以遮风挡雨的地方让他们学习，这本身已经很幸运了。

因为相似的家庭经历，和对艺术共同的爱好，两个人很快就亲如手足，成了最好的朋友。据说两人平时经常同出同进，形影不离，被同学们称作"西湖边上两兄弟"。

他们居住的宿舍楼下面还有一座小小的尼姑庵，叫作"善福庵"。每天清晨，天刚蒙蒙亮，敲打木鱼和诵经的声音就阵阵传来。李可染和张眺听到这声音之后，伸个懒腰便跳下床开始读书和学习。学习两个小时之后，才到食堂的早饭时间，两个小伙子吃完早饭，匆匆赶往课堂。就这样，日复一日，他们对学业从来没有一丝懈怠。

李可染的同窗好友张眺

这两兄弟虽然性格各不相同，但是能够互补长短。张眺酷爱西方哲学，李可染则爱研习中国古籍；张眺喜欢西方文论，李可染大部分时间都在钻研中国画史；张眺思维活跃，评论古今和世界文化都头头是道，李可染虚心学习，在国画艺术上成绩斐然，从一个不会画油画和素描的人，变成了用作品名震全校的人。两个人因为常常同时出现，被大家起了有趣的绰号，张眺被叫作"张理论"，而李可染就被称为"李艺术"。虽是绰号，但是同学们也是发自真心，觉得这是两位值得学习的榜样。

张眺比李可染大五岁，性格相对成熟稳重，对李可染也照顾有加。他为人行事作风磊落，在做学问方面，通晓古今内外，能言善辩，讲起话来头头是道。

对李可染来说，张眺就是他的良师益友。张眺学习了很多新式思想，常常把一些新鲜的道理和故事讲给李可染听，同时也会把国内的局势给李可染做详细分析。

李可染作品《牧牛图》

临江门码头

　　张眺是山东人，原本在山东艺专学习，于 1926 年加入了中国共产党。在山东艺专读书期间，他积极奋进，带领学生们参加反帝爱国运动，也因此被学校开除。当时蒋介石叛变革命，对中共党员展开了大肆屠杀，为了躲避反革命的迫害，他不得已逃离家乡，来到了杭州。因为对艺术的热爱，他参加了杭州艺专的考试，考取了研究生，和李可染结下了缘分。

　　他们居住的"善福庵"虽然是栋危楼，日常却宾客不断，来的大都是他们学校的同学。大家经常跑来跟张眺聊天，他们都喜欢听这个年轻人讲一些新式的思想。张眺向同学们发问，艺术是为了什么？人生又是为了什么？他义正词严地告诉大家，真正的艺术应该是为人民服务的。

　　当时李可染根本不清楚张眺的身份，但是他深深地被这个年轻人的个人魅力所折服，他的世界观和价值观，以及他的思想深度，是李可染此前未曾接触到的。就这样，李可染的思想被张眺潜移默化地影响着，在张眺的推荐下，阅读了大量的高尔基、鲁迅等人的无产阶级作品，对普希金、托尔斯泰等西方大师的作品也如数家珍。是张眺让他了解到艺术的真谛是什么，是张眺让他的眼界开始放在艺术之外的事情上。所以后来李可染的很多作品中都会出现革命圣地的题材，他喜欢画祖国的大好河山，更喜欢把祖国的山水呈现给人民。在祖国需要他的时候，他可以毫不犹豫地做出选择。

社会在变革和进步，美术也面临同样的命运。1930年，杭州一批进步学生成立了"一八艺社"，致力于传播进步思想和新美术理念。"一八艺社"受左翼革命文艺思想影响，归党团直接领导，大家一边学习革命的文艺理论，一边进行美术创作，同时也筹备展览等活动，也是为了扩大革命美术的宣传。当时在杭州国立艺术院学习的李可染等几个品学兼优、思想进步的同学，在张眺的推荐下，也都选择了加入"一八艺社"。

1931年，"一八艺社"在上海举办展览，汪占非的《纪念五死者》，胡一川的《饥民》《流离》，王肇民的《叫》，李可染的《失乐园》等作品引起了人们的广泛关注和议论，一时之间在上海艺术界造成了不小的轰动。

鲁迅先生特意为这次展览作了《一八艺社习作展览会小引》。他在小引中这样说："现在新的、年青的、没有名的作家的作品站在这里了，以清醒的意识和坚强的努力，在榛莽中露出了日渐成长的健壮的新芽。自然，这是很幼小的。但是，惟其幼小，所以希望就正在这一面。"字里行间显示出鲁迅先生对这些日渐萌发的美术新秀的鼓励和赞美。李可染参加展览的油画作品也受到了广泛的关注，得到了"用了十分浑圆的笔法如实地把它抑郁的情感写出来"的评论。

艺术在变革中前进本是好事，但是"一八艺社"作为进步学生们的组织，经常参与文化斗争，当然也会涉及到政治立场。这次"一八艺社"在上海的展览，惊动了当时的政局。回到学校之后，大家蓦然察觉到学校里的气氛变得不同以往了，充满了紧张和压抑。学校遭到了政治打压，迫于当局的压力，被迫改制，将李可染所在的研究生部撤销。紧接着,"一八艺社"的好几位成员都凭空消失了,其实他们是悄悄地被捕了。李可染和张眺的住处也曾经被人翻过,但是他们没有找到证据,就作罢了。

有一天晚上,李可染从图书馆归来,回到自己居住的"危楼"。刚走到楼梯拐角处,他发现自己房间的门大开着,门外零散地扔着几本书,心里顿时有一种不祥的预感。快步走到门口向房内看去,他吃了一惊。房间被翻得乱七八糟,书本和画纸散落了一地,衣服被子全被扔在了地上,连花瓶都被砸碎了。他心里直呼不妙,这次比以往都要严重,仔细翻察之后,他发现连自己的笔记本都不见了。这个时候,李可染得到了消息,在他去图书馆看书的时候,他们宿舍被"抄家",张眺也被抓走,关了起来。

经过多方打听之后,李可染得知张眺被关在了陆军监狱,他忙不迭地跑去探监。他给张眺带了日常的洗漱用品,听他讲述自己被抓的遭遇,难过得流下了眼泪。张眺一直劝慰李可染,不要太过于自责,也别为自己难过。他告诉李可染,自己是为了革命被关进来的,他不后悔。他让李可染放心,他在这里过得挺好的,还跟一个狱友学习了俄文。

后来,李可染经常去监狱看望张眺,给他送些衣物和吃食,看着张眺日渐消瘦的样子,他难过又无助,向身边所有的人都发出了求救的信号。然而,想从监狱里把张眺救出来简直难如登天。

张眺在监狱里熬过了两个月的时间,后来,在林风眠校长的多方走动和努力下,张眺被保释出狱,但是他没有再回杭州国立艺术院,他不想给学校和林风眠校长带来麻烦。在告别了大家之后,他坐上了开往上海的火车。

那之后,李可染就失去了与张眺的联系。他向很多老师和同学们打听,知道张眺化名为叶林,和田汉在一起领导学生们发起了左翼文艺运动。他深感安慰,张眺是一个连生命的热情都献给了革命的年轻人,这让李可染对他充满了敬意。

李可染作品《嘉定大佛》

几年后，听到张眺担任了江苏省文委书记，接着又去了江西中央苏区，任苏维埃教育部长，他打心眼儿里替这个老同学开心。再后来，他就没有听说过张眺的任何消息了。一直到几十年之后，李可染两鬓斑白，才从胡一川那里得知，张眺34岁那年，因为"左倾路线"，不幸被当作"反革命分子"而错杀。听到张眺年纪轻轻蒙冤罹难的噩耗，李可染捶胸顿足，忍不住悲声恸哭。那个陪着他在天不亮就起床读书，跟他一起讨论古今中外的文艺论著，在生活中对他百般照顾的张眺，从此真的天人永隔，再也无缘相见了。回忆起张眺，他对众人说："在张眺同志的教育影响下，我初步认识了中国社会和它的前途，初步认识了文艺上的正确道路。这对我一生都起了很大作用，是我终生不能忘记的。"

杭州国立艺术院虽然被迫改制，取消了研究生部，但是林风眠校长对李可染非常赏识，因为他不光成绩优秀，而且勤奋刻苦，在学生中的口碑也相当好。林风眠和李可染的绘画老师克罗多商量之后，决定让李可染继续留在学校当助教，每月给他发八元钱的工资。李可染自是感激不尽，而且林风眠告诉李可染，他们打算等李可染在学校当两年的助教之后，找个机会就把他送到法国去留学深造。

就这样，李可染半工半读，在学校里当助教。没多久，李可染和自己的女朋友苏娥举行了婚礼。有一天，李可染的一个好朋友季春丹被特务跟踪了，路过李可染家门口，情急之下便逃了进去，第二天天还没亮就拜别了李可染，离开杭州逃到了上海。没想到因为这件事情，李可染受到了牵连，无奈被革除助教的职务，被列为重点监视对象。

在这种情况下，李可染根本无法再继续学习。林风眠校长担心李可染受到政治迫害，私下授意一名学生到李可染家中，告知他形势严峻，应该尽快收拾行李离开杭州。那名同学临走之前塞给李可染一个信封，说是林风眠校长留给他的。等李可染打开之后，才发现里面放了60元钱，那是林校长给他准备的回家的路费。

　　1932 年，24 岁的李可染不得不挥泪拜别了杭州国立艺术院，回到了自己的家乡徐州。在杭州学习的三年时间里，李可染收获了最真挚的友谊，也学到了非常专业的美术知识。离开杭州，他内心有着百般不舍和难过，这一年他和苏娥刚刚结婚，虽然前途未卜，但有爱人相伴于侧，他的内心多少有了些许安慰。

第四节

与苏娥的短暂情缘

　　回到徐州之后，李可染举办了自己的第一次个人画展。此时，李可染 26 岁，他的绘画技艺在徐州的书画界已经有了一席之地。这次画展吸引了徐州众多绘画界的大师前来观看，他展出的作品主要是油画，创办了"黑白画会"。大幅作品《钟馗》入选南京第二届全国美术展。

　　众所周知，李可染除了在绘画艺术上成绩出众之外，在音律方面也很有天赋。他和那把胡琴早早就名声在外，十几岁的时候，他就经常出没在各大京剧票房活动中。

　　李可染和苏娥便相识于一次徐州的京剧票房活动。那是 1924 年，李可染 17 岁，刚刚从上海艺专毕业，回到徐州当美术老师不久。正是意气风发的年纪，在授课之余，他也

李可染作品《颐和园后湖游艇》

没有放弃自己的爱好，经常和票友们一起去听京剧。

著名京剧艺术家苏少卿携家眷来到徐州主持徐州民众教育馆事宜，徐州的票友们听说了这个消息之后，大为兴奋，由李可染、刘仲秋等票房骨干成员出面登门拜访苏先生，请求他能够担任"民众俱乐部京剧研究班"的艺术指导。

苏少卿为人性情豪爽，秉性坦荡，18岁那年他只身一人跑去上海学艺。因为天资过人，他早早就在戏曲界取得了非常高的声望，也常在各大报刊发表戏剧评论文章，29岁即已在中央财政部办的报社做总编辑，是当时非常活跃的戏曲评论家、京剧票友，列属四大谭票、三大京剧教师。苏少卿一生致力于传播京剧艺术,毫无保留,教出了众多优秀的弟子,可谓是桃李满天下,李可染曾受他指点,孟小冬就是他的徒弟之一。

在徐州票友们的热情邀请之下,苏少卿欣然答应担任他们的艺术指导。很快,他就注意到了李可染。这个年轻的小伙子,性格开朗,为人豪爽,倒是和自己颇有几分相像。李可染擅长拉胡琴,他对很多人都说过,自己学艺的第一志愿就是拉胡琴。听了李可染的琴声之后,苏少卿觉得他是个学琴的好苗子,在苏少卿的精心点化之下,李可染从"野路子"很快就变成了"正规军",进步神速。

苏少卿还特意把李可染推荐给自己的老师孙佐臣,孙佐臣拉琴是一绝,大有"余音绕梁三日,不绝于耳"的气势,听过的人都对他印象深刻。孙佐臣对拉琴这件事,极为重视,尽管功成名就,依然从不放弃练习。李可染在孙佐臣面前恭恭敬敬,虚心求教,孙佐臣对这个年轻人也是知无不言,倾囊相授。他告诉李可染,学艺有两件事情最重要,第一就是路子一定要正,不要妄想走捷径,第二就是要能吃苦,肯用功。

孙佐臣在学艺这件事上,就像他自己说的那样,非常刻苦。年轻的时候,他经常在冬天把两只手插到雪堆里,等手指冻得僵硬了之后,再继续拉琴,一直拉到手指灵活,手心出汗为止。李可染回忆说:"看他左手食指、中指、无名指的指肚都凹陷下一道深可到骨的弦沟,可以想见他当年练琴用功之勤。"

台上一分钟,台下十年功,只有数十年如一日地勤奋练习,才能够取得不俗的成绩。李可染时刻谨记老先生的教诲,以此为座右铭,多年后写文还常提及此事,老先生的人品值得敬重。

在孙佐臣和苏少卿的指点下,李可染在曲艺界已经渐渐有了名气。只是为了绘画事业,他最终放弃了继续学琴。难怪有人说,如果李可染不学画,今日在曲艺界的地位也绝对不输于人。不过琴艺和画艺本是血脉相通的,这也对李可染的绘画事业有着很大的帮助。

李可染认为京剧和绘画是相通的,在谈及两者之间的联系时,他说:"京戏和中国画是最高级的艺术。京戏中的'唱、念、坐、打'同中国画中的'浓、淡、干、湿'密不可分;京戏中的'拳不离手,曲不离口'与中国画中的'一生伴笔墨'是一致的。"

李可染的妻子苏娥和女儿李玉琴

苏少卿有个女儿,名唤苏娥,刚刚十五六岁的样子,正值芳华之年,她是家中的长女,长相清秀脱俗,性情洒脱可爱。出身艺术家庭,长久的熏陶使她也热爱京剧和绘画。她擅长唱青衣,经常跑到票房里吊嗓子,跟大家切磋。李可染作为苏少卿的学生,经常到他家来串门,一来二往便跟苏娥熟悉了起来。

两人志同道合,经常有聊不完的话题,在艺术方面也有各自的见解,相谈甚欢。票房的票友们经常会举办演出,有一次,票房要演京剧《南天门》,刚好缺一个青衣,便邀请苏娥出演曹小姐,苏娥欣然应允,仔细化妆打扮了一番便登台献唱。苏娥本身擅长唱青衣,又长期受到苏少卿的艺术熏陶,自然一开嗓便压住了场,引得满堂彩。

李可染当时坐在后方为苏娥拉琴伴奏,琴声动听,引人入胜,和苏娥配合得堪称天衣无缝。大家都为他们的表现喝彩,开玩笑说二人郎才女貌,真是天赐的一对。李可染听到这话之后,内心怦然悸动。

李可染其实早已暗中对苏娥有了好感,苏小姐不光喜欢京剧,而且对传统的国画也有研究,同时对西洋画派也很有想法。可以说两个人的爱好一致,有很多的共同语言。只是碍于自己家境贫寒,苏娥是大家闺秀,两个人门不当户

李可染作品《麦森教堂》

不对，他怕自己会碰一鼻子灰，于是只好将这份感情藏于心底。只在面对苏娥的时候，他难掩内心的情愫，关切和爱慕之情都溢于言表。苏娥只是含羞带笑，事实上，她也早已对李可染芳心暗许，只是一直没有说破而已。

苏娥的母亲很喜欢李可染，觉得这个小伙子为人厚道，尊师重道，又勤学好问，跟苏少卿商量之后，有意将女儿许配给他。那一日，李可染前来问安，苏少卿和妻子在屋内端坐，寒暄几句之后，便说到了这个话题。苏少卿问李可染觉得自己女儿苏娥如何，言下之意想要试探李可染的心意。李可染虽恨不得立刻告诉两位长辈，苏娥就是自己心仪之人，他愿意为她赴汤蹈火，与她长相厮守，但是他压抑住了内心的激动，怕被他们觉得自己唐突。于是，李可染端正了坐姿，面露微笑答道："身长玉立，齿白唇红。"

苏娥的父母对这位年轻人暗自嘉许，相互笑着对视了一眼，就这样，他们同意了这个年轻人跟自己女儿的亲事。李可染欣喜异常，他未曾想过，苏少卿不仅为人仗义豪爽，还不拘泥于门户之见，对他这个穷小子青睐有加，而苏夫人更是平易近人，毫无架子。他能够和这样的家庭结合，简直是做梦都不敢想象的事情。他在心里暗暗发誓，此生一定要对苏娥好，对苏家的人好。

两个人在一起不久后，李可染前往杭州国立艺术院求学，直到李可染因为"一八艺社"的事情，在杭州遇到了危难。有情人终成眷属，几经周折之后，苏娥和李可染于1931年正式结婚。1932年，因为政治迫害，李可染不得不离开杭州，回到徐州继续当美术老师，苏娥不离不弃，一直相伴左右。婚后两人相敬如宾，回到徐州之后，他们一直居住在徐州老家的平房里，日子虽然清贫，却也充满了欢乐。在这座简易的平房里，苏娥为李可染生下了两个儿子和一个女儿，专心相夫教子。就这样，日子在平平淡淡中如流水一般逝去，一晃就是五六年。

"九•一八事变"之后，日本不断在中国的华北、上海等地制造事端。国民政府虽然一直采取妥协避让的态度，但是革命青年和有志之士早已暗自开展行动。李可染画了大量的抗日宣传画，唤醒人们抗战的意识。

1937 年卢沟桥事变之后，抗日战争全面爆发，中国的百姓陷入一片水深火热之中。李可染作为热血男儿，也无法偏安一隅，他决定辞去教师的工作，投身革命宣传。当时苏娥并没有阻拦李可染，反而支持他的决定，并且告诉他，自己打算带着三个孩子去上海投奔父母。

苏娥曾经在上海新华艺专读书，结婚之后就没有再回过上海，既然要解决李可染的后顾之忧，她干脆带着孩子回上海，继续学业，也能让他安心投入革命事业。就这样，在 1937 年初，苏娥带着三个孩子，去了上海投奔苏少卿，并继续进入上海新华艺专读书。当时上海也处于动荡之中，苏少卿带着家人移居到了法租界。

李可染曾经来到上海看望苏娥，见她和家人都过得很好，便没有了后顾之忧。他将自己的决定告诉了苏娥，他打算到大后方去，投入抗日宣传工作。苏娥对他的决定表示全力支持，两人依依不舍地告别之后，李可染就踏上了革命的征程。他先后跑到西安、武汉、长沙、桂林、重庆等地方，参加革命，为了国家兴亡东奔西走，无暇兼顾其他。

当时苏娥已经有了身孕，两夫妻一个天南，一个海北，渐渐失去了彼此的音讯。自古红颜多薄命，1938 年 4 月，苏娥生下了第四个孩子，国内局势动荡不安，李可染生死未卜，她经常愁云满面，后来染上了恶寒症，经多方治疗无效，于当年 8 月份香消玉殒，享年 29 岁。

苏长卿一家人悲恸万分，然而当时李可染在革命运动中东奔西走，根本没有一个固定的居所，无法跟他取得联系。直到第二年，李可染才从一个徐州的同乡那里听到妻子苏娥染病去世的消息。当时他正在重庆参加革命宣传，听闻此噩耗，当下痛哭流涕，悲伤欲绝，一时间心绪郁结，整夜整夜无法入眠。李可染因为这个噩耗整个人陷入精神崩溃的状态，身体也出现了问题。大姐和姐夫担心他，把他接到了自己的家中居住，还找来了医生，给他检查身体。调理了半个月，李可染才稍微缓过劲儿来，但是这场沉重的家庭变故让李可染患上了高血压和心脏病,还落下了失眠的病根,一生都没有被治愈。

那段时间,日本的飞机每天都在重庆的上空轰炸,密密麻麻的炸弹像下雨一样,每天都在重庆城里制造出巨大的破坏。躲在屋里随时都有可能命丧黄泉,为了躲避轰炸,李可染和大家一起躲到校场口的一个隧道里。所有人都往隧道里跑,跑得慢的,很可能就被炸死了。有一次,李可染躲避空袭,藏在了隧道里。刚好见到了一位朋友,那位朋友说,隧道很不安全,大家得重新找地方,硬是把李可染拉了出去。第二天,李可染听说,因为缺氧,好多人都死在了隧道里。

恐惧、悲伤和无助,时时刻刻围绕着他。在隧道里,李可染依然坚持宣传革命理念,鼓励大家的斗志。满心愁苦无处诉说,他只能化悲痛为力量,将自己所有的精力都投入到革命生涯当中,只有让自己不断地忙起来,为了祖国的生死存亡而奋斗,他才不会有太多时间去想念苏娥,胸中才不会总是被悲伤填满。

第五节

宣传抗战

　　虽然沉迷绘画和京剧艺术，但是李可染时刻都记得，自己是一个中国人。在杭州"一八艺社"的那段时间，在和张眺朝夕相处的日子里，他明白了一件事情，艺术和国家的命运是息息相关的，正如他所秉承的理念一样，他的艺术，最终是要为祖国、为人民服务的。

　　1931 年"九·一八"事变，东三省沦陷，李可染和千千万万的热血男儿一样满心愤懑。国难当头，他觉得自己必须为国家做些什么。文人有笔杆子，譬如鲁迅先生，可以用他自己犀利的言辞唤醒劳苦大众，而他，也可以效仿鲁迅先生，用自己的画笔，为国家贡献出一份力量。当时李可染正在杭州读书，他和"一八艺社"的同学们，一起组织宣传和演讲，

李可染画的抗日宣传画

但是却遭到了当局的打压。

　　1932 年,李可染迫于杭州当局的压力,离开杭州回到徐州,受聘于江苏省立徐州民众教育馆。当时的徐州民教馆,聚集了一大批有文化、有想法的进步人士。李可染召集了一众同事,向大家讲述了自己的想法和态度,他想要开辟出来一间展览室,专门用来做抗日宣传,揭露从甲午战争到"九·一八事变"期间,百年来日本侵略中国的本质和罪行。

　　徐州这座城市,在历史上经历了太多的战祸,人们渴望和平,但是也从不畏惧抗争。当地居民淳朴又勇敢,因为懂得自由与和平的珍贵,所以当听到李可染的提议之后,早就蠢蠢欲动的众位民教馆的同事们,当即拍板决定,和李可染一起,成立这个抗日宣传展览室。就这样,在大家紧锣密鼓的筹备下,徐州民教馆抗日宣传展览室就正式对外开放了。

　　共产党员以及进步人士,经常在这间展览室里演讲,带领大家开展抗日活动。那一年的李可染,刚刚过了本命年,24 岁的年纪在徐州民教馆却已成了举足轻重的人物。这不光是因为他在绘画和京剧方面的才华,更多的是他所秉承的理念,即艺术是为国家、为人民服务的。为了宣传抗日活动,他带领同事们画了大量的宣传画,向民众们传达抗日救国的理念。

　　在这群爱国志士中,有一位叫作郭影秋的共产党员对李可染产生了很大的影响。郭影秋是民众教育馆的领导，他长期负责徐州的抗战工作，曾任中共第五战区动员委员会党团书记，有着丰富的抗战经验。他非常善于培养青年抗日力量，让这些年轻人到基层和群众中去，发动更多的人参与到抗战中来，指导了一大批"妇女救国会""农民救国会"等抗日团体。

郭影秋是徐州民教馆的抗日骨干力量，带领着民教馆进行抗日文化宣传。当时李可染是总干事，在郭影秋的指导下，和大家一起积极进行抗日宣传，取得了很好的效果。

因为之前在上海艺专和杭州国立艺术院受过专业的绘画教育，特别是在杭州期间，李可染经常画人物素描，因此画起抗战宣传画时得心应手，速度非常快，经常一晚上可以画出很多幅。民教馆人才辈出，大家画了很多种类的作品，有木刻，有水彩，有素描，有油画，有漫画……为了加快速度，李可染还想到了一个巧妙的方法，那就是他用笔勾画轮廓，其他的同事们帮忙填色，再加上宣传标语。就这样，李可染和大家经常忙到深夜，在大家的同心协力之下，抗日宣传展览室的故事很快就传遍了街头巷尾。

他们在画作中揭露了日本帝国主义企图吞并中国的狼子野心，这件事情在当地引起不小的轰动。在了解到百年日本侵华历史之后，整个徐州城都沸腾了，百姓们受到了极大的震撼，在进一步了解到日本的暴行和野心之后，当地民众众志成城，表示愿意为了祖国的安危贡献自己的一分力量。面对"九·一八"后日本帝国主义的来势汹汹，徐州人民的爱国热情被充分激发，社会各界的爱国宣传运动也轰轰烈烈地开展起来。

在杭州国立艺术院期间，李可染学习过很多科学技术知识，对军事、防空等领域也有一些了解。他和同事们相互研究之后，专门画了一些科普性质的宣传画，用简单的图画方式让每个人都能看懂飞机的简单构造和功能，告诉大家，在遇到空袭的时候，应该怎么做，以及如何预防毒气等知识。这些作品加起来有40多幅，因为广受欢迎，还举办了一次"航空救国"展览，引来大量的群众

李可染作品《雨后春山半入云》

观看。

李可染和同事们创作出了黑、绿两色石印的抗战画报,在徐州和周边的农村都进行张贴、展览,为抗战文艺宣传做支持工作,让更多的人了解到日本的暴行,了解到国家的命脉与人民息息相关。

李可染还提议,可以用义卖的方式,发动更多的人参与进来。紧接着,徐州民教馆组织了"援助东北难民书画义卖会",吸引了大量的艺术界人士前来参加。王琴舫、萧龙士等几位在徐州当地知名度很高的画家都参与了义卖活动。这次义卖会,共售出书画作品150多幅,徐州民教馆将义卖所得的全部钱财全部捐给了东北受苦受难的民众们。

除了绘画,李可染还想到以曲艺的形式宣传抗日,他发动艺专的同学们建立了抗日宣传小分队。同学们群策群力,编排了许多抗日节目到市区和郊县的许多地方进行义演,以话剧、戏曲等传统的民间艺术方式吸引了大量的民众观看。他们用艺术的方式,将中国所面临的危难呈现在广大人民群众的面前,唤醒大家的爱国意识。

当时的演出条件十分艰苦,为了引起人们的注意,到了一个地方之后,宣传小分队往往都要先敲锣打鼓,以讲述连环画故事和表演文艺节目等形式开场,待吸引到了更多的群众之后,才开始演出《放下你的鞭子》《九·一八以来》等剧目,接着教大家唱抗日歌曲。李可染经常跟随艺术宣传队到村头写抗日标语,画宣传画。

当时徐州地区的美术爱国运动开展得如火如荼,唤醒了徐州人民的爱国之心,获得了极大的成功。此后,很多人都和李可染一样,远离家乡,为了国家和人民,投身抗日运动。这是李可染第一次将艺术创作和政治宣传结合起来,他不再是"象牙塔"中的学子,而是一个爱国爱民,有责任感、有血性的中国人。

他最早把西方的绘画艺术带到了徐州,和传统的中国绘画相互交融、碰撞。他将自己所学到的技术和知识,应用于抗日宣传画当中,有着极其强大的艺术感染力，改变了徐州艺术界的格局，也影响到了更多的普通人。

田汉到徐州视察期间，对李可染的抗日宣传行为表示了极大的赞赏。李可染积极协助和陪同田汉同志到处收集抗战的素材，在田汉的指导下，李可染规范了抗战宣传的模式，更加坚定了方向。两人也因此结下了深厚的革命情谊。

抗战时期的李可染

1937年"七·七事变"之后，抗日战争全面爆发，上海、南京等城市相继沦陷，中国大地陷入一片水深火热之中。当时的徐州也面临着巨大的危机，李可染第一时间站了出来，他和徐州民教馆的馆长赵光涛一起商议，决定组织大家成立一个青年抗敌宣传队。宣传队的队员们，大多是民教馆的同事，也有不少来自社会上的爱国进步青年，大家共同努力，创作出了上百幅抗日救国主题的宣传画，在徐州各地进行巡展。

巡展结束后，李可染数日无法入眠，时常在深夜里望着报纸叹息。妻子苏娥看他整日愁眉不展，知道他在为了国事烦忧。有一天晚上，孩子们都睡了之后，苏娥跟李可染谈心，李可染向她讲述了自己的压抑和痛苦，他觉得自己应该冲到救国救民的第一线，而不是躲在徐州偷生。更何况，覆巢之下安有完卵？如果没有爱国志士们的奋力反抗，徐州早晚也会被侵略者给践踏。

苏娥紧紧地握住了李可染的手，告诉他，大丈夫志在四方，她支持李可染的决定。李可染没有想到妻子会毫不犹豫地做出这个选择。就这样，苏娥带着三个孩子去往上海投奔父亲苏少卿，李可染决定前往武汉参加抗日救亡运动。

李可染的四妹李畹也是一个性情刚烈的女子，当得知哥哥要只身一人投身革命之后，她决定跟随哥哥一起前往抗日前线。在和妻子依依不舍地告别之后,李可染简单收拾了行囊,带着四妹出发了。

1938 年 4 月,李可染和李畹几经辗转,终于到达了武汉。当时国民政府军事委员会政治部第三厅刚刚成立,由周恩来领导,郭沫若主持,深受人民的爱戴。李可染和妹妹慕名而来,加入了武汉三厅。

一开始,很多人并不知道李可染是可许人也。在一些艺术界人士眼里,他也只是一个普通的山水画家而已,他来投奔武汉三厅,能做什么呢?能够画出宣传抗日的作品吗?会不会还不如文字宣传更有力量?

很快,李可染就打消了人们对他的顾虑。李可染在郭沫若的指导下,仅仅用了两天的时间,就完成了《无辜者的血》《侵略者的炸弹》两幅作品,参加抗日救亡宣传画展。

就像当时艺术界所推崇的理念一样,"唤起民众,共赴国难",因为此前曾经在徐州组织过几次爱国宣传活动,画出大量的抗日宣传画,有着丰富的经验,李可染很快就用能力让人们对他刮目相看。李可染在武汉三厅画了大量的抗日宣传画,激起民众共同抵御日本侵略者,捍卫国家和领土的决心。

对李可染来说,这是一个重要的转折点。他从孤军奋战,到加入有领导有组织的抗战大潮,如鱼得水,自己的能力也得到了更大的发挥。

李可染在此期间创作的宣传画,绘画基本功十分扎实,有着浑厚的艺术表现力。因为作品取材于真实,画面和文字口号都非常震撼人心。李可染的作品参加了很多抗日宣传的画展,也有很多画就挂在武汉的街头供人观看。《无辜者的血》《侵略者的炸弹》等作品,触目惊心,使人看了热血沸腾,连孩童们看了,都高呼"侵略者滚出中国!"

就这样,李可染用自己的画笔,画出了深陷水深火热的劳苦大众,画出了凶狠残暴的日本侵略者,画出了汉奸们作茧自缚的嘴脸,画出了爱国青年们浴血奋战的豪情壮志!他的画笔变成了抗击日寇的利器,变成了指引老百姓们爱国抗日的一面旗帜。

生活和现实给了李可染无数的创作灵感,让他的技艺精益求精。从他的画中,我们不光能看出他的才华,更多的是他那颗热忱的爱国之心。

不幸的是,在日本侵略者的强攻下,武汉失守,李可染不得不跟随武汉三厅向后方转移。在长沙,李可染和力扬等同志们,一起创作了巨幅的壁画,画在长沙最繁华的地方,揭露日本帝国主义的侵略罪行,号召大家不要做顺民,不要做汉奸,要做抗敌救国的英雄,号召同胞们团结起来,众志成城保卫祖国。

1938 年,长沙当局制造了"长沙大火",李可染和力扬两人不得不离开了长沙,经过商议之后,二人决定前往桂林,因为当时桂林聚集了一大批从战事前方撤退下来的艺术家和作家。在徒步穿过湘潭、衡阳之后,他们才坐上了前往桂林的火车。

到了桂林之后,李可染和力扬加入中国文艺界抗战协会,和大家一起从事抗日宣传活动,这一年的年底,随着第三批人员的转移,李可染跟着他们一起去了重庆。

1939 年,李可染在重庆进行抗日救亡宣传,得知了妻子去世的噩耗,深受打击。当时日军将重庆轰炸得千疮百孔,到处都是废墟,整个城市陷入了极大的恐慌之中。李可染在经历了一段时间的消沉之后,化悲痛为力量,振奋起来,将全部的热情都投入到了抗日宣传当中。他把对妻子苏娥的思念和对日寇的仇恨汇入到画作当中,创作出了《谁破坏了生活家园》《轰炸只能激起我们的仇恨》等作品,画面深入人心,传达着"国家兴亡,匹夫有责"的理念,告诉大家,一味地沉默只会换来更惨痛的教训。这些作品触目惊心,激起了重庆人民反抗侵略的斗志。

重庆人民拼死捍卫城市和祖国,为了抗战不怕牺牲,在苦难中寻找一切反击的机会。至 1946 年为止,李可染在后方创作了三百多幅抗战救亡的宣传画,在重庆乃至全国的文化艺术界都拥有了极高的知名度,赢得了民心和尊重。

第六节

住在金刚坡的岁月

抗战期间，重庆是后方的政治、经济、文化指挥中心。在民族生死存亡之际，李可染跟随政治部第三厅迁移到了重庆，之后在这里生活了 7 年的时间，一直致力于抗日宣传救亡运动。1940 年，政治部第三厅被撤，郭沫若联合众多文化界的知名人士一起成立了文化工作委员会，李可染也是文委会成员之一。

因为国民党反动派的破坏和阻挠，文委会的工作无法正常进行，不得不暂时告一段落。郭沫若号召大家按照自己的专业做点研究工作，不要浪费了时间。众多聚集在重庆的画家们，开始拾起了自己的绘画事业，由抗战宣传活动转回中国画的创作和研究。

当时李可染居住在成渝古道金刚坡下的赖家桥。与此同时,还有一大批优秀的文化艺术家,如田汉、傅抱石、张文元、高龙生等人跟随政治部第三厅迁移至金刚坡下的赖家桥附近。

金刚坡位于重庆城外曲折蜿蜒的盘山公路上,山林葱翠,溪水长流,可以说是一处意境绝佳的世外桃源,是一个非常适合写生和居住的地方。清晨的第一缕阳光照耀在金刚坡上,远处炊烟袅袅,万物复苏,空气中弥漫着花香,远远地还能听到牧童的歌唱。李可染寄宿在一处农家院里,房东家里有一处牛棚,每天早上,房东的儿子总会牵着水牛出去劳作,黄昏时分,再牵着水牛归来,沐一身金色的阳光,看起来像是一幅和谐的山水田园画,常常让人忘记了烦忧。

每次看到这样美好的场景,李可染内心总会涌起无限的伤感。艺术家的敏感,让他的思乡之情更加深切,若不是战火的蔓延,若没有侵略者的铁蹄,他应该和这里的人一样,过着简单幸福的日子。

结束了一天忙碌的宣传工作之后,李可染回到家中,望着黄昏里归来的水牛,感慨万千。李可染的卧室就紧挨着牛棚,他每天都能和这只大水牛见面,看着它日出而作,日落而息,倍感亲切。有时候水牛会在夜里吃草、喘息、蹭痒,有时候还会有很大的反刍声,把人吵得睡不着,李可染干脆下了床,披上衣服。

他坐在桌子前,铺展开画纸,提起笔对着水牛作画。墨色浓重,气韵浑厚,水牛坚韧和敦厚的气质,让人心境平和。为了排解心中的抑郁,李可染经常挑灯夜画,反反复复地画着院子里的那头水牛。

郭沫若见了李可染画的水牛之后,非常感动,特意写了一篇《水牛赞》。郭沫若告诉他,牛的品质象征着中国人民坚强不屈的民族精神,鲁迅先生曾经写过"俯首甘为孺子牛"的句子,用以歌颂。李可染听了之后大受感动,他亲自刻了一枚"孺子牛"的印章,用来勉励自己。人们都想要追求和平和真善美,李可染亦如此,为了和平美好的世界,他甘愿俯首。李可染说:"世界上不少有贡献的科学家、艺术家都把自己比作牛。我觉得牛不仅具有终生辛勤劳动、鞠躬尽

李可染作品《双牛图》

痒的品质，它的形象也着实可爱，于是以我的邻居作模特，开始用水墨画起牛来了。"

这是李可染最早画牛的故事，到了晚年，李可染依然坚持画牛，并且成为一代画牛大师，也跟他在抗战岁月里的经历有着很大的关系。

有一次，他去城里办事情，路过书店的时候，买了几本书。刚走出书店没几步，突然防空警报响了，街上的人瞬间乱成了一锅粥，大家都拼命地往防空洞的方向跑。李可染跟着人群跑进防空洞躲避日本飞机的空袭，等警报解除之后，老百姓们又急匆匆地往家赶。李可染被人群拥挤着，一不小心把书挤掉了，但是人太多了，他根本没办法回头去捡书。等人潮退去大家都回了家之后，他回到防空洞里去寻找自己的书，却没了踪影。李可染感到特别失望，对并不富裕的他来说，那几本书不光是他的精神食粮，也是他用物质口粮换来的。当时重庆因为战乱，各种物资短缺,物价被炒得一天一个样,李可染的收入微薄,也仅仅够日常度日,买那几本书,是他狠了狠心,抱定了接下来几天省吃俭用的决心。值得安慰的是,在即将离开的时候,他在地上捡到了一支毛笔,他在原地等了好一会儿,但是并没有失主前来寻找。因为还要去办事,他便带着那支毛笔离开了。

这件事李可染本来没放在心上,有一晚他画画的时候,瞥到了桌子上的那支毛笔,就拿起来,在纸上试了试。没想到那支毛笔用起来特别顺手,特别是在画仕女图的时候,线条流畅轻盈,看起来特别柔美。李可染开心极了,看来这支笔真的和他有着很深的缘分,他此后一直把这支笔带在身边,还带去了北平。

李可染初出茅庐,在画坛还未形成很大的气候。这个时期,大量的文艺精英人士都聚集在重庆。著名画家傅抱石先生也住在赖家桥,他是因为战祸举家搬迁而来,时任郭沫若的秘书。他看到过不少李可染画的抗日宣传画,对其印象深刻,两人交往虽不算密切,但是一直都相互敬重。

同样居住在赖家桥,两家的距离不远,步行十几分钟就能到。李可染经常去傅抱石先生家中探访,跟他一起探讨和交流绘画的艺术和心得体会。一来二往,两人的关系愈加亲密。傅抱石擅长画人物和山水画,受到他的启发,李可染在古代人物画方面,也出现了不少类似石涛风格的作品。

金刚坡聚集了很多画家,大家相互之间都有所仰慕,也因为抗战救援结下了情谊。在金刚坡的"团山堡"住着一位漫画家,名字叫作司徒乔,他是携带家眷特地从新加坡赶来参加抗日宣传的。司徒乔为人爽朗热情,特别好客,他喜欢"以画会友"。司徒乔居住的房子相对宽敞,客厅也比较大,可以容纳很多人。他为自己的居所取名"双羽轩"。当时李可染、傅抱石、高龙生、张文元等画家经常到"双羽轩"会面,大家一起探讨艺术,研究画作,同时也讨论时事,好不热闹。司徒先生还按照西洋的传统举办过一次生日派对,准备了冷餐,还有唱片机在播放音乐,和夫人一起为大家跳华尔兹。这应该是金刚坡最时髦的一次活动了,让所有人都印象深刻。

李可染作品《漓江边上》

由于在"双羽轩"时常会面，李可染和众位画家也都混熟了。他博采众长，研究和学习各家的画风，以提高自己。

傅抱石、张大千等人非常擅长山水和人物画，两人都在学习石涛的传统画风，当时两人的名气已经很大，这对整个重庆的书画界都产生了很大的影响。包括年轻的李可染，他想要在绘画方面取得更高的进步，也自然会向前辈虚心求教，也因此，李可染的画风受到了石涛风格的影响。

虽说李可染的画风有着石涛的韵味，但是他却没有因循守旧，一味模仿。他有他的优势和坚持，那就是非常善于将各种元素融合在一起，从中找出最适合自己的东西来。这是其他画家对他大加赞许的地方，他总是能够迅速地找到自己的定位，并且能够将学习到的知识与传统和当下相结合，形成独特而鲜明的李可染风格。

"李可染的作品不以漂亮取胜，而是涵养着大拙、至美若丑的品位，体现了一种更高、更朴素的审美追求"。著名美术史学家万青力在研究李可染的作品后，对他做出了这样的评价。

在文委会工作的时期，李可染还结识了文艺理论家蔡仪。他们虽然只在一起工作了一年多，但是关系匪浅。蔡仪在美学和文艺理论方面颇有研究，对马克思主义的美学理论和文艺理论多有阐述。两人经常就中国美术的发展和新的艺术理论展开讨论，碰撞出不少火花。李可染看到蔡仪，仿佛看到了当初跟自己高谈阔论的张眺，两个人都是如此善谈，且见解独到，这让李可染倍感亲切。

蔡仪当时在写《新艺术论》，李可染就低头钻研中国画。李可染当时的画里有着很明显的石涛的笔墨情趣，山水画笔墨也偏于简淡。李可染后来也曾经说过："现代的画家没有不受石涛影响的，我和傅抱石、张大千，都如此。"

除了跟这些艺术家们研习和进步之外，李可染的主要活动轨迹还有一个地方，那就是林风眠的住处。

当初李可染离开杭州国立艺术院之后，很快杭州被笼罩在一片白色恐怖

李可染昔日的恩师兼校长林风眠

当中，大量的共产党人遭到逮捕和屠杀。林风眠极为愤怒，画了巨幅油画《痛苦》，参加西湖博览会。这幅画在艺术界引起了很大的反响，蒋介石听说之后特地跑来观看，对林风眠的作品不以为然，甚至表露出了愤怒，他质问林风眠，光天化日之下哪来那么多痛苦？

正当国民党准备对林风眠采取行动的时候，"七·七事变"引发了全面抗战。1938年，杭州国立艺术院和北平艺专合并，为人耿直的林风眠饱受排挤，给学校留下了"为艺术战"四个大字之后，愤而离去。之后，林风眠几经辗转，来到了重庆。

1940年，林风眠先生就住在金刚坡的一处破旧的屋子里，用家徒四壁四个字来形容也不为过。李可染听说昔日的恩师兼校长来到重庆之后，欣喜地备了便饭前去探望。两人见面之后，都激动得许久未曾言语。落座之后，从杭州艺专，到全面抗战，从艺术到国家，他们相谈甚欢。

李可染每次去看望林风眠的时候，他都趴在桌子前画画。据李可染的回忆，林风眠每天都要坚持画几十张画。那些画就堆在他身后的墙边，没多久就已经是厚厚一沓子了。有一次，李可染前来探望的时候，发现那摞画纸已经摞到了屋顶那么高。李可染极为震动，林风眠不光人品端正，在作画上亦有着如此的韧性和坚持，值得后人去铭记和学习。李可染到后来也如此教育自己的子女："人们往往只看到林风眠先生一气呵成的惊人之作，却不知他背后付出的代价。"

在金刚坡居住的这段时间，因为见到了艺术的百花争艳，认识了众多在绘画上颇有建树的前辈，李可染的丧妻之痛得到了纾解。那段最艰苦的岁月，让他结识了这些真诚、质朴的画家，让他在迷茫中看到了希望。

第三章

结缘水墨

JIEYUANSHUIMO

多年的积累，再加上名家的引导，李可染在水墨写生的这条路上，走得愈发顺畅。他逐渐找到了一套适合自己的绘画风格和理论，形成了自己独特的水墨风韵。

第一节

人物画崭露头角

在重庆金刚坡居住的日子，李可染开始了水墨写生，起先是画牛，后来开始画山水。在张大千、傅抱石、林风眠等人的影响下，李可染的山水画形态已经有了雏形。从 1942 年开始，一直到 1953 年，这段时间被称为李可染的山水画形态古典期。

多年的积累，再加上名家的引导，李可染在水墨写生的这条路上，走得愈发顺畅，他逐渐找到了一套适合自己的绘画风格和理论，形成了自己独特的水墨风韵。

1942 年，徐悲鸿先生来到重庆，第一次见到了李可染的画。当时重庆文艺工作协会正在接待来自香港和上海的艺术代表团，为了将展会布置得更加出色，文工会向李可染借了三十多幅画,有传统的山水画,也有水彩风景,也有人物画。李可染的作品和众多画家的作品被一一挂在中苏友好协会的展厅里,参加重庆当代画家联展,引起了广泛的讨论。

徐悲鸿对李可染的非常赏识

徐悲鸿刚到重庆不久,他去中苏友好协会办事的时候,一眼瞥见了挂在展厅里的众多画作。他的脚步立刻不由自主地向前走去,在看到李可染作品的时候,突然觉得眼前一亮。这个名不见经传的李可染究竟是谁?他的画竟然这么出众!

徐悲鸿随即找到中苏友协的工作人员,向他们打听,这才知道,原来李可染是文工会的成员。徐悲鸿给李可染写了一封信,信中表示自己对他的作品非常欣赏,想要拿自己的一幅猫和他的一幅水彩画交换。李可染看到信以后,不敢相信自己的眼睛,他没有想到,徐悲鸿竟然能够亲自给自己写信。当时徐悲鸿的艺术成就远在自己之上,是他所敬仰的一位大师,他诚惶诚恐,表达了对徐悲鸿的感激之情,并表示他可以随便挑。

得到了绘画大师的肯定,李可染在绘画上更有信心,也更有激情了。抗战时期,中国传统绘画渐渐复苏,艺术界人士深感欣慰。这段时间里,李可染画了很多古典写意人物,如《屈原》《王羲之》《杜甫》等。当时李可染的人物画得到了来自艺术界的肯定,相比之下,那段时期他在人物写意方面比山水画更为出色。

1943年,国立艺专邀请李可染任职学校的中国画讲师。当时国立艺专刚刚迁至重庆,坐落在一处四合院式的郭家院子里。这是一处晚清风格的民居,院墙涂满了黑色的油漆,看起来有些陈旧和压抑,在附近是出了名的"黑院墙"。艺专的老师和学生们也喜欢叫它"黑院墙",从此,这就成了国立艺专的新名字。

李可染作品《二老看梅图》

　　国立艺专从 1940 到 1946 年期间，几经迁徙，历尽劫难，终于在重庆磐溪这处较为稳定的地方落了根。"黑院墙"正式开课之后，学校领导得知重庆聚集了一大批艺术界的大师和社会名流，于是邀请了一批艺术界人才作为学校的教师。其中，丰子恺被聘为教务主任，李可染、傅抱石等人被聘为国画系教师。此外，雕塑系、油画系、图案系也聘请了一批身处沙坪坝中央大学美术系的教授来担任讲师。当时的国立艺专，可谓是"高师云集，人才辈出"，被称为"中国现代美术的摇篮"。

　　李可染在"黑院墙"当了三年的国画课老师，获得了学生们的尊重和爱戴。在艺专任教期间，李可染的绘画创作依然是以古典人物写意和山水画为主，创作了《执扇仕女》《放鹤亭》等作品。1944 年，李可染在重庆举办了水墨写意画展，他的人物画再次得到了业界内外的一致认可，他的进步神速，作品浑然天成，使人回味无穷，是很多人一生都无法达到的境界。

　　徐悲鸿一直对李可染的作品赞誉有加，曾多次为李可染的画展作序文。1947年9月12日天津《益世报》曾发表徐悲鸿所作《李可染先生画展序》："芒砀丰沛之间，古多奇士……徐州李可染先生，尤于绘画上独标新韵，徐天池之放浪纵横于木石群卉间者，李君悉置诸人物之上，奇趣洋溢，不可一世，笔歌墨舞，遂罕先例，假以时日，其成就未可限量，世之向慕瘿瓢者，于此应感饱啖荔枝之乐也。夫其兴之所至，不加修饰，或披发佯狂，或沉醉卧倒，皆狂狷之真，为圣人所取。"瘿瓢是指清朝著名的画家黄慎，徐悲鸿将李可染与之相提并论，足以看出他对李可染作品的高度认可。

　　也因此，徐悲鸿和李可染一见如故，成了好朋友。据李可染的回忆，"国立艺专在嘉陵江的盘溪。当时徐悲鸿住在嘉陵江边一座小楼里，我们的往地离他家有二里路。徐先生看了我的画，对我很提携，我经常去徐先生家。徐先生藏有齐白石七十多张画，每张都给我看过。"每每提起此事，李可染都充满了感激。

　　来看画展的很多都是当时文艺界的重量级人物，老舍先生看完李可染的画作之后，还特意写了一篇文章来赞美李可染的作品。老舍说："中国画中人物的脸是永远不动的，像一块有眉有眼的木板，可染兄却极聪明地把西洋漫画中人物的表情法搬运到中国画里来，于是他的人物就活了。"老舍先生认为，李可染改变并开创了中国人物写意的新画法，达到了新的境界，"他要创造出一个醉汉，就创造出一个醉汉——与杜甫一样，可以永垂不朽。"

　　同时，老舍先生也提出了一点，那就是李可染的山水画不如人物画好。老舍先生说："山水画经过历代名家们苦心创造，到今天恐怕谁也不容易一下子就想跑出老圈子去。可染兄很想跳出老圈子去，不论在用笔上，意境上，着色上，构图上，他都想创造，不是模仿。可是，他只做到了一部分，因为他的意境还是中国田园诗的淡远幽静，他没有敢尝试把'新诗'画在纸上。在这点上，他的胆气虽大，可是还比不上赵望云。凭可染兄的天才与功力，假若他肯试验'新诗'，我相信他必定会赶过望云去的。"

老舍在评价中,对李可染寄予厚望,他坚信以李可染的成绩,加上时间的磨炼,以后的成就必然能够超过赵望云。

老舍先生的高度评价,让李可染一度成为书画界的风云人物。然而他对李可染山水画的指正,也让李可染心悦诚服,他期望李可染可以背负起山水画现代转型的使命。李可染为人淳朴,不善言谈,他心里很清楚,自己能做的,就是加倍努力,不辜负大家的厚望。此后的多年,李可染一直为此努力着,但是却并未见到很大的起色。直到1954年,才开始有了新的转机。

整个40年代是李可染人物画的创作高峰期,这个时期他结识了众多绘画界的大师,见识和学习了近现代比较知名的各种美术风格,也正是因此,他在这个时期取得了巨大的成就,得益于众多艺术家的经验和帮助。李可染将传统的中国画与时代和西方艺术相结合,把从各位书画界大师那里学到的知识交汇融合,从而创造出属于自己的,独一无二的李可染风格,使他这位画坛新秀迅速在中国书画界有了一席之地。

在这次重庆个人水墨写意画展之后,李可染于次年与林风眠、丁衍庸、关良、倪贻德等几位画家联合举行了五人联展,交流绘画心得,倾听着来自社会各界的声音,以提高自己的绘画水平。

第二节

京剧促就的姻缘

对于李可染来说，重庆是他的宝地，于他而言，有着很深的渊源。在这里，他不光遇到了很多画界名流，学习了众多书画技巧，开辟了自己在书画界的地位，也结识了自己的第二任妻子邹佩珠，从此不再孤苦伶仃，有了可以执手相伴一生之人。

1937 年卢沟桥事变爆发之后，日本开启了疯狂的侵华行动。这一年的年末，日军准备攻打杭州，军队渐渐逼近杭州城，百姓们陷入一片恐慌当中。在日军攻打杭州的前一天，17 岁的邹佩珠跟随家人逃出了杭州。她始终记得那一天，杭州的街道上萧条得可怕，所有的商店紧闭大门，百姓们像是无头苍蝇一样到处逃窜，大街上到处散落着被褥和

学生时代的邹佩珠

行李，还有和家人走失的孩童，在街头无助地哭泣……每一个曾经安乐和谐的家庭，如今都在即将到来的战争中支离破碎，看得人心痛不已。

为了生存，邹佩珠和家人一起远走他乡。在躲避战乱的逃亡中，他们先从上海到江西，后来又辗转来到长沙。在逃亡的火车上，日军的飞机穷追不舍，子弹像雨点一般扫射下来。邹佩珠和所有人一样，趴在车厢的地上不敢动。等她抬起头来的时候，发现身边很多人已经中弹，车厢里一片哀号。再向窗外看去，从火车上坠落的尸体在轨道两旁零碎地散落着，鲜血和泥土混在一起，空气里到处都是绝望的味道。对邹佩珠来说，这场劫难真的是九死一生。

离开长沙之后，邹佩珠决定跟随母亲去重庆的姐姐家里避难。当时路上到处都是恐慌奔逃的人群，走几步就能发现尸体，就连河里也漂满了浮尸。邹佩珠不知道自己能不能一直这样幸运，躲过这场灾难。有一次，邹佩珠的母亲在漂满浮尸的河里洗衣服的时候，不小心指甲把手指搓破了。她没有在意，直接回了家，到后半夜，突然觉得身体很不舒服，连续喝了几杯热水，仍然没有好转。第二天天亮之后没多久，邹佩珠的母亲就因为病毒感染离开了人世。世界上最爱自己的那个人去了，孤苦伶仃的邹佩珠哭红了双眼，痛不欲生，她懊恼自己没有及时发现母亲被河水感染了病毒，她恨自己没有早一步把医生请来，她恨这世道，恨那些丧心病狂的日本侵略者。

擦干眼泪，邹佩珠的人生还是要继续走下去。她料理好母亲的后事之后，按照母亲生前的嘱托，匆匆收拾好行李，坐上了前往重庆的火车。

邹佩珠找到姐姐之后，算是在重庆留了下来。因为有着很好的艺术天分，她跟姐姐商量之后，决定报考重庆国立艺术专科学校。就这样，邹佩珠考入了国立艺专的雕塑系，成为"黑院墙"里的一名学生。

其实当时的重庆还被包围在一片炮火之中，日军的炸弹时不时地扔下来，重庆的老百姓到处躲藏。邹佩珠也经常和人们一起逃进防空洞，她心里对日寇充满了恨意。这是一个什么样的民族，在别人的土地上肆意地践踏着，厚颜无耻，灭绝人性。

在国立艺专就读期间，邹佩珠和李畹住在同一个宿舍。两个年岁相仿的小姑娘，有着共同的艺术爱好，当然也有聊不完的话题。熟悉之后，邹佩珠知道了李畹有个哥哥叫作李可染，在上海艺专和杭州国立艺术院念过书，现在在重庆文委会工作，是个有责任感的热血男儿，画了几百幅抗战宣传画，不禁对他充满了敬佩。经常听李畹讲哥哥的故事，李可染的形象渐渐地在邹佩珠的心里丰满了起来。

巧的是，李畹念叨着念叨着，李可染就出现在了国立艺专，而且是以国画老师的身份出现的。这个消息让李畹兴奋得睡不着，不停地和邹佩珠讲，哥哥是多么的有才华，人品是多么的好，深受校长林风眠的喜爱。李可染这个名字，在邹佩珠的脑海中越来越立体了。

春日的午后，阳光总是温暖而美好的。邹佩珠喜欢在没课的时候，去室外写生。那是 1943 年的春末，天气晴好，微风拂面，空气中弥漫着花香。邹佩珠看看窗外的景色起了兴致，她拿出画板和水彩颜料走出了宿舍。邹佩珠沿着学校门口的小路一直走，到一处花园停了下来，选好了一处景致之后，便摆好画板，认真地画了起来。

春风和煦，鸟语花香，伊人在路边作画，这本身就是一件极其惬意的事情。恍惚间，邹佩珠看到有个人向自己走过来。她抬起头，看到来人的样子，个子挺高，但是瘦骨嶙峋，看起来病怏怏的，一点儿精神都没有。这人在逆光中向她走来，让她觉得恍然如梦。待来人张口向她问路，邹佩珠才突然反应过来，忙向他指了指艺专的方向，告诉他，就在前面不远处。答完他的话，邹佩珠有些迟疑，他问艺专做什么？莫非是要来求学的？

邹佩珠并没有问他，怕显得自己唐突。那人准备离开，又突然转过身来，迟疑了一下，问邹佩珠是不是艺专的学生，想向她打听一个人。邹佩珠点了点头，当听到对方提起李畹的名字时，心里"呀"地惊叫了一声。他可算是问对了人，李畹就住在自己下铺，她们俩可是如假包换的好姐妹呢。

等邹佩珠回到宿舍之后，对李畹提起，她才知道，白天向自己问路的年轻人，原来就是李畹常常提起的那个李可染。她眯起眼睛细细回想白天的情形，不禁感叹，他看起来好瘦，似乎有着很深的忧愁。

李可染受聘于国立艺专教书，当时就住在教员宿舍里。宿舍的环境虽然简陋，但是对李可染已经很难得了，他独自一人居住，倒也觉得惬意。更何况在学校里，可以时常见到妹妹，可以和学生们交流艺术知识，这让他的生活渐渐充实起来。

李可染下课之后，大部分时间都待在自己的教员宿舍里，画画、拉琴。有一次，李可染正在宿舍里拉胡琴，李畹带着邹佩珠来寻他。李可染拉得入神，没有注意到门口出现了两个身影，他低着头闭着眼睛陶醉在胡琴美妙的音律当中。突然，一个清亮的嗓音响起，李可染抬头看到李畹和一个陌生的姑娘站在门口。那姑娘站在黄昏的日光里，声音如黄鹂鸟般动听，她唱的是京剧，正跟自己拉的曲子和着。

人生难得遇知音，有佳人伴唱，李可染自然将琴拉得更起劲了。琴音袅袅，嗓音清脆，一时间李可染竟然忘记了自己是在教员宿舍练琴，他恍然以为自己就在舞台上，和京剧名角在一起表演。一曲终了，李畹开心得直鼓掌，李可染这才回过神来，他忙向门口的女生致意，让她进屋。

对李可染来说，那一天的邹佩珠，就像是突然从一束光中走来的人，齐肩的中长发，温柔的嗓音，剪裁得体的旗袍，整个人看起来暖暖的，带着落日的余晖，走到了他的心里。那之后，邹佩珠经常到李可染的教员宿舍来玩，他们两个一个拉胡琴,一个唱京剧。

聊起天来,李可染才知道两人的缘分早已开始。当初抗战全面爆发之后,李可染带着李畹从徐州辗转到长沙的时候,邹佩珠也和家人逃到了长沙,他们一个住在岳麓山上,一个就住在岳麓山下,咫尺之隔。等日寇攻打长沙的时候,两个人也是在同一天逃出来的。后来,邹佩珠回忆起两个人的交集,如此说道:"我们都是死了几次没死成的人,感情非常不一样。"也因此,他们彼此之间更加珍惜对方。

李可染当时的教员宿舍就挨着一片竹林,环境倒是雅致。有一次邹佩珠来找李可染吊嗓子,突然发现他屋里的地面上冒出了一颗竹笋尖,她惊讶地笑了,这小小的竹笋看起来倒是有趣。本想帮他把竹笋挖出来,邹佩珠转念又有了一个新的想法,她拿起屋里的水壶,灌了水,轻轻地浇在那颗竹笋上。

李可染笑她,是打算在屋里种竹子吗?邹佩珠一笑,并未回答。当时她的样子可爱极了,脸色红润,像极了树上的苹果。一天一天,那

李可染与妻子邹佩珠相伴终生

颗竹笋越长越大,长成了长长的竹子,一直长到了天花板上。邹佩珠每天都来给它浇水,看着它慢慢地长高。

李可染望着那棵竹子,问邹佩珠,给它取个名字可好?邹佩珠笑了,给竹子取名,倒是有趣。李可染想了片刻,它一直陪着我们,不如叫它陪竹吧。陪竹,佩珠……这谐音显而易见,邹佩珠脸上泛起了红晕,微微低下了头。李可染说道,

"晋人不可一日无此君"，不如我们就给这茅屋取名叫作"有君堂"吧！邹佩珠被李可染乐观的态度打动了，看着眼前的人，突然生出了几分心疼。

此时距苏娥离世已经过了好几年，李可染一个人熬过了最痛苦无助的时候，他把所有的热情都献给了革命事业。当抗日救亡活动告一段落，他重新开始教书之后，内心不免常常觉得孤单和寂寞。而邹佩珠的出现，让他又重新感受到了生活的美好，让他对未来、对家庭又重新充满了希望。

两个人彼此心里装着对方，不需要过多的语言和形式，感情如洪水般袭来，一切都是那么水到渠成。1944年，李可染和邹佩珠在大家的见证下，举办了婚礼。那是一场极为简单的婚礼，也因此，李可染觉得他对邹佩珠有所亏欠。

李可染出身寒门，再加上这些年为了革命事业一直在外颠沛流离，根本拿不出钱财来置办东西。邹佩珠虽然出身书香门第，但是因为战乱东躲西藏，自然也成了身无分文的"贫民"。结婚总是需要新房的，他们向老乡借了一间用来堆草的屋子，并把这间只有六平方米的屋子打扫干净，准备用作自己的新房。这屋子是土打的墙坯，到处都是坑坑洼洼，地面也深一脚浅一脚的，根本不平整。即便如此，两个人内心还是欣喜的，毕竟这是属于他们的新房。邹佩珠拉着闺蜜李畹跑到市场里买了扫把和石灰，把墙面重新粉刷了一遍，虽然还是简陋，但是看起来好多了。屋子里原本还有一张破旧的方桌，到处都是裂缝，四条腿都晃晃悠悠的，他们也留了下来。李可染向学校借了一张单人床，两把高腿条凳，还借了一块画板。把这些家什简单地归置好了之后，李可染和邹佩珠又扯了些红布，把屋子装扮了一下。总算看起来有了新房的样子。

就这样，由林风眠作主婚人，导师刘开渠、李超士先生作证婚人，在李畹等亲朋的见证下，37岁的李可染和24岁的邹佩珠正式结为夫妻了。邹佩珠的生日是农历的七月初七，刚好是"七夕"佳节，老话都说，这一天出生的女孩儿一定像织女一样，心灵手巧。邹佩珠回忆起两个人的缘分，常常跟别人讲："我没遇见我的'放牛郎'，但是遇见了可染这个'画牛郎'。这是天意吧？我们之间真的有许多说不清的缘分。"就是这说不清的缘分，让两颗心从此越走越近，成就了一段艺术界的佳话。

自从苏娥过世之后，李可染长期被疾病缠绕，这些年日子过得颇为落魄。邹佩珠回忆起她和李可染刚刚在一起时候的情景，总是忍不住鼻子泛酸。因为长期营养不良，加上睡眠不足，那个时候的李可染，用皮包骨头来形容一点儿都不夸张，浑身上下都没有二两肉，脱掉衣服可以清楚地看到一条条的肋骨，不仅如此，浑身还长满了红点。

看在眼里，疼在心里。邹佩珠看着爱人被生活折磨得如此消瘦，心疼得睡不着觉。邹佩珠对李可染，除了爱慕，也有着很深的敬意。这敬意源于对他人品的肯定，也有着对他的艺术才华的欣赏。她暗暗下了决心，一定要做好他的贤内助，无论是在事业上，还是在生活上，要尽自己最大的努力给予他扶持和帮助，让他不用这么辛苦。她承担起了照顾李可染和苏娥去世之后留下的三子一女的责任。

为了给李可染调养身体，增加营养，邹佩珠特意养了几只羊，还在院子里喂了几只鸡。等羊和鸡长大了之后，她就每天挤羊奶，收鸡蛋，给李可染改善伙食。邹佩珠小时候从祖父那里学过不少药方和疗法，她将自己所学到的医疗知识反复研究和试验，最后用在李可染的身上，帮助他治疗失眠和高血压等病症。在她的精心照料下，李可染的身体一天一天地好了起来，气色红润，连妹妹李畹见了都直说他胖了。

在遇见邹佩珠之后，李可染终于走出了那片阴影，重新对生活充满了希望。

第三节
办画展筹钱生子

在重庆国立艺术专科学校任教时，李可染就居住在位于重庆东郊嘉陵江南磐溪的教员宿舍里。在经历了丧妻和战乱之后，李可染的身心都受到了很大的打击。那段日子，虽然在学校教书的时候可以暂时忘却烦忧，但是一回到宿舍，独自一人面对空荡荡的墙壁，内心的悲怆便无法抑制。因为邹佩珠的出现，让他的生活又重新出现了阳光，对他来说，邹佩珠像是上天的恩赐，对他这个笨拙又执着的人的奖赏。也因为邹佩珠，他居住的地方，才有了"有君堂"这个名号，在重庆书画界被很多人得知。

邹佩珠和苏娥不同，她除了喜欢京剧之外，在雕塑艺术上也取得了很好的成绩。在艺专学习期间，她的作品经常得

李可染夫妇及幼子李小可

到老师的赞赏，因为艺术是相通的，在相互交往和学习中，她对李可染的作品也有了更深的了解。

虽然出身苏杭，但是邹佩珠一点儿也不像是园子里的"大小姐"。她从小就开始练拳，为人性情豪爽，充满了侠义情怀。她喜欢各类体育运动，是学校里出了名的运动健将，各种球类运动和田径项目她都喜欢，而且样样精通。因为对体育运动的热爱，邹佩珠体格健壮，比李可染看起来精神多了。她就像是会发光发热的太阳，照亮了李可染原本灰暗的内心。

有人说，自从遇到李可染之后，邹佩珠这一生都是在为了李可染做事。婚后，她所有的生活重心都放在了李可染的身上，想尽一切办法照料李可染的身体，让他逐步恢复健康。在作画方面，她无条件地支持，还经常跟他讨论和学习。有人把邹佩珠誉为李可染身边的一颗明珠，除去她自身在雕塑艺术上的成就，她对李可染的事业也起了重要的辅助作用。

也是在跟邹佩珠认识之后，李可染开始重新研究美术史，他把之前所学到的知识又系统地罗列出来，整理分类，将自己认为最优良的部分集中进行研究和整合，对于书画艺术又有了新的认识。在重庆书画界名流之间相互交流和学习，在"有君堂"夜以继日地苦练，李可染提出了一个新的想法——"用最大的功力打进去,用最大的勇气打出来。"李可染晚年的时候,回忆起当时曾经说过这样的话,"是时钻研传统,游心疏简淡雅……虽用笔恣肆,但处处未落前人窠臼。重庆和北平时期,是所谓企图用最大功力打进去者。"

"有君堂"除了因竹命名之外,还有另外一层含义,那就是他认为对待传统的中国绘画艺术,应该是抱着结交君子的态度,带着仰慕和尊敬,才能够找到绘画艺术的真谛。这段时期,李可染的画作以古代人物画为主,大多是古代的仕女或者高人逸士,用笔迅疾,潇洒飘逸,或疏简淡雅,或畅快肆意。在山水画上,李可染的作品更加追求神韵,形似倒为其次,不拘一格,飘逸而充满了灵气。

胸中抑郁得以纾解,人生得遇知己,李可染在"有君堂"里画出了很多优秀的作品,气韵生动,意趣酣畅。

1944年对李可染来说,是意义非凡的一年。在林风眠等人的见证下,他和邹佩珠有情人终成眷属,成了一对艺术界的佳偶,获得了大家的祝福。婚后不久,邹佩珠有了身孕,但是当时李可染的收入微薄,对他们这个小家来说,生子是一项不小的负担。李可染经过慎重的考虑之后,决定举办一次个人画展。他没有想到,这次画展让自己在重庆艺术界一炮而红。

作为重庆艺专的困难户,还要供养妻子和远方的四个孩子,想要改善目前的生活,李可染能够想到的,就是依靠自己的作品,举办画展。这场"李可染水墨写意画展"如期在重庆举办,由徐悲鸿先生作序。李可染果然不负众望,画展正式开始的那天,李可染的作品被来自各界的观众们一遍遍观看和议论,获得了极高的评价,不少人都认为他那时候的绘画技术已经达到了"炉火纯青"的水平。整个展厅内人头攒动,涌满了人。从开展到结束,"李可染水墨写意画展"每天都迎来了大量的书画爱好者们观看。

老舍先生还特意撰写了《李可染水墨写意画展》一文,他在文中对李可染的作品大加赞赏,写道:"大约在五年前吧,文艺协会义卖会员们的书画,可染兄弟画了一幅水牛、一幅山水，交给了我。这两张我自己买下了，那幅水牛今天还在我的书斋兼客厅兼卧室里悬挂着。我极爱那几笔抹成的牛啊！……在穷苦中，偶尔能看到几幅好画，精神为之一振。"之后，老舍先生还提出了李可染的人物画作品优于山水画作品的看法，并激励李可染努力钻研山水画，跳脱藩篱，给中国山水画带来革新。

这次画展，让李可染在重庆乃至全国的艺术界都获得了极高的赞誉。人到中年，李可染的绘画之路却有了新的开始，他对绘画这件事情，更有信心了。在画展成功举办之后，李可染筹到了一笔钱，用于补贴家庭，迎接他和邹佩珠的孩子出生。在得到了业界的认可之后，李可染心里的一块大石头也放下了。

众多周知，在李可染的爱好当中，有一样东西是与绘画难分伯仲的，那就是戏曲。这么些年，在画画的空当，他从来没有放弃过拉胡琴和听京剧，也曾经参加过不少演出和交流，这也让他一直有着"多才多艺"的美称。然而对李可染来说，一心二用是很难让他在绘画上有更大的突破的。这一点，他一直没有发现，但是细心的邹佩珠发现了。

李可染的个人画展结束后不久，京剧界著名的"厉家班"就来到了重庆，并在这里落了脚。"厉家班"在当时可是响当当的名号，喜欢京剧的人士对这三个字可以说是如雷贯耳，《珠帘寨》《战太平》《闹天宫》《长坂坡》《钟馗嫁妹》等剧目更是脍炙人口。

得知"厉家班"在重庆扎根的消息之后，李可染激动不已。这些年，为了抗日宣传，他已经很久没有正儿八经地听过一场戏了，心里直痒痒。那日他在重庆办完事情之后，直奔"斌良国剧社"。因为听戏听得入迷，李可染完全忘乎所以。等他回家的时候，已经是三天之后了。

对于邹佩珠来说，在李可染失踪的这三天三夜的时间里，她像是经历了一场大病一样，分秒难熬。她不知道自己的丈夫去了哪里，没有一点儿交代，就这么消失了。他是否在外面出了意外？是否遇到了敌人的抓捕？是否身体出了问

李可染作品《春天的葛岭》

题？这一切都不得而知，邹佩珠到处托人打听，没有得到任何音讯，她急得像是热锅上的蚂蚁，如坐针毡。

当李可染回到家中那一刻，邹佩珠强忍的泪水终于决堤。这是她第一次和李可染红了脸，在确认丈夫身体无恙，得知他失踪的三天是跑去听戏之后，邹佩珠沉默了。良久之后，邹佩珠问丈夫："李可染，你要是这样只迷戏，你的画还能成吗？"这句话让李可染浑身打了一个激灵。那一晚他彻夜无眠，在床上翻来覆去，想了很多问题。邹佩珠的话让他醍醐灌顶，如果他再这样三心二意，何时才能在绘画事业上取得更高的成绩呢？对他的艺术追求来说，到底什么才是最重要的？答案自然是不言而喻的。

经过慎重的思索之后，李可染告诉邹佩珠，从此以后，他将从自己的时间里去掉拉胡琴和听京剧的时间，要专心致志地练画。李可染说到做到，此后竟真的抛弃了对京剧和胡琴的爱好，心无旁骛地致力于绘画事业。

就这样，在邹佩珠的精心调理下，李可染的身体见好，在绘画上也更加用心了。没过多久，他们的儿子出生了，李可染给他取名叫李小可，寓意儿子谦虚、中和，不要太过张扬。李可染常常跟人开玩笑说，小可是拿画换来的，如果没有那场画展，他们根本没钱生李小可。也因此，李小可自己也觉得自己和绘画有着不解之缘，似乎生下来就是要画画的。

李小可聪明伶俐，很惹人喜爱。当时邹佩珠在家里养了两只鹅，不知道为什么这两只鹅特别喜欢跑到床底下去生蛋。刚开始大家以为蛋丢了，后来有一次，小可在床边玩，爬进去看到鹅蛋，把它拿了出来，家人才知道。邹佩珠后来回忆起这件事，忍不住向旁人夸奖，小可很聪明，当时才一岁出头，拿着鹅蛋从床下面爬出来的时候，都知道手心朝上拿着，一点儿也没把鹅蛋碰坏。

因为儿子聪慧过人，李可染也对他充满了期待。他不仅自己在绘画上更加严谨和认真，也十分注重对儿子李小可的培养。刚刚一岁的李小可，连话都还不会说，就已经可以拿起画笔在纸上画线条了。有一次，李可染手里拿着一颗鸡蛋逗儿子,让他在纸上画一个鸡蛋,李小可眨巴着懵懂的大眼睛,似懂非懂。思考了一会儿之后,看了看父亲手中的鸡蛋,又看了看笔,低下头在画纸上画下了一个圆圈。李可染开心极了,他抱起儿子亲了又亲。

长大之后的李小可回忆起父亲,说他像个外星人一样,不知疲倦地作画。对于李小可来说,父亲就像是一座令他仰望的大山,在父亲的影响下,他也爱上了绘画,为绘画事业奉献了所有的青春。

第四节

拜师齐白石

　　个人画展的成功举办，儿子的顺利出生，让李可染的生活变得更加多彩起来。按理说他已经算是闯出了名堂，当时他的作品有着石涛风格的神韵，广受好评。但如果他只是止步于此，那么中国近代史上将会少了一位大师级的画家。

　　李可染在绘画方面，从来不附和任何一个流派，他一直在揣摩和学习，试图融合中西，贯通古今，进而用于自己的作品当中，以得到更好的提升，也因此他从未放弃过学习。在重庆的那段时间，他经常和傅抱石等书画界人士交流探讨，不断地进步，也结识了著名画家徐悲鸿，这个对他一生来说极为重要的人。

　　1942 年，徐悲鸿用自己画的猫，跟李可染交换了一幅水彩画，他毫不避讳对新人的提携和赞赏，两人因此结交。1944 年，李可染在重庆举办完个人画展之后，和徐悲鸿的联系更加密切了。当时徐悲鸿也住在嘉陵江旁边的一栋小楼里，离李可染的住处也就两三里路的样子。徐悲鸿很喜欢李可染的画，他常说从李可染的作品中，可以看出不同的神韵，让人赞叹。李可染对徐悲鸿也极为敬重，两人仿佛知己，不需要寒暄和客套，见了面就有聊不完的话题，内心也是惺惺相惜。

李可染喜欢去徐悲鸿家中做客，两人就绘画艺术和美术史进行深刻地讨论。徐悲鸿还特意拿出了自己珍藏的画作给李可染欣赏。其中，就有齐白石的画作。齐白石的名字，在李可染听来那是如雷贯耳，他向往了多年，一直未曾有机会亲眼得见齐老的真迹。

当在徐悲鸿家里发现齐白石的作品之后，李可染激动得移不开双眼。十几年后，李可染回忆起来第一次见到齐白石画作的场景还历历在目，他在课堂上告诉学生们："抗战时期，重庆开展览会，我在一个小房子里看到齐白石一幅小画好极了，吸引力极强，好像在发光。齐白石的笔法好，他的画与别人的画放在一起，别人会吃亏的。齐白石的画气势太大，精神力量逼人，别人的画，相形之下变得像影子一样了。"1979 年，他也曾经再次提起看到齐白石画作的感受："在一次展览会上展出了徐悲鸿藏的齐白石的兰花。这张画很小，大不过方尺，但我一进会场，就被它所吸引，真是光彩夺目，力量扑人眉宇。挂在它旁边的作品虽然大它数倍，但感到黯然无光，像个影子。"

由此可见，齐白石的作品给李可染带来了极强的震撼。让他没想到的是，徐悲鸿收藏的齐白石的画作竟然有七八十幅之多。那之后，李可染更加频繁地往徐悲鸿家里跑，常常看到很晚，看到废寝忘食的地步。对他来说，能够看到齐老的作品，是多么美妙的享受啊！

也正缘于对齐白石画作的崇拜和喜爱，李可染在 1946 年以后的作品中，也有了新的变化。那之后，李可染的很多作品在用笔的时候，有意无意地开始

齐白石深刻影响了李可染的艺术风格

变得粗重了。

1945 年 9 月 2 日，日本天皇宣布无条件投降，中国人民长达八年的抗战终于取得了胜利。当时国家百废待兴，李可染等众多艺术家，也终于可以发挥自己的光和热，为美术界做出更好的贡献了。

1946 年对李可染的艺术人生来说，是一个重要的转折点。这一年，徐悲鸿邀请他到北平国立艺专去任职，并告诉他，会将齐白石、黄宾虹等大师引荐给他。徐悲鸿了解李可染，这份聘书对他来说充满了致命的诱惑。但是同时，李可染的母校杭州国立艺专的聘书也摆在了他的面前，李可染陷入进退两难的地步。对他来说，母校是他难以割舍的情怀，然而北平有他仰慕已久的书画界巨匠齐白石，还有故宫，那里收藏着古今中国最优秀的画作，令他神往。在经过一番深思熟虑之后，李可染决定追随自己的艺术梦想，他拒绝了母校杭州国立艺专的邀请，决定跟随徐悲鸿北上。

39 岁的李可染，做出了人生中一项重大的决定。邹佩珠握住了他的手，用坚定的目光告诉他，自己会追随在他的身边，不离不弃。有着邹佩珠无条件的支持，李可染对北上这件事充满了信心，他向众人告别之后，带着妻儿跟随徐悲鸿来到了北平。

由于此前已经多次举办画展，再加上重庆个人画展取得的巨大成功，李可染早已名声在外。因此，刚刚抵达北平，他就受到了书画艺术界人士的重视，顺利进入北平国立艺专任教。然而李可染内心很清楚，自己此行北上的目的究竟为何。他一心冲着齐白石和黄宾虹，一心为了提高自己的绘画水平。

刚刚在北平落脚，李可染就找到了徐悲鸿，表达了自己希望能够尽快见到齐老的心愿。徐悲鸿深知李可染这位"画痴"的性情，爽快地答应了他，并着手约见齐白石。李可染在徐悲鸿的引荐下，顺利见到了齐白石，向他表达了敬重之意，并就绘画艺术进行讨教。

齐白石此前已经听说了李可染的事情，刚刚40岁就已经在中国画坛有了不小的名声。但是齐白石是性情中人，从来看画不看人，他也只是简单地交谈了几句而已。李可染拜别齐白石之后，激动得整晚睡不着觉。他开始后悔，拜访齐白石准备得太仓促，没有带上自己的绘画作品。齐老乃真性情，从不拘泥于名利，不看作品，是不会轻易断言的。李可染越来越觉得，若是能得到他的指点，或者说能够拜他为师，则终身无憾矣。

这个想法在李可染的脑海里不断地盘旋着，让他有些坐立难安。邹佩珠看出了他有心事，在了解到他的想法之后，鼓励他去尝试一下，齐老惜才爱才，对后辈多为提携，不吝赐教，说不定真的可以收你为徒呢。

在邹佩珠的鼓励下，李可染找到了徐悲鸿，没想到他也正有此意，想要让李可染拜齐白石为师。李可染受到了莫大的鼓舞，他认真地挑选了自己的作品，选出自己比较满意的画，又经过邹佩珠和徐悲鸿的把关，最终带了20幅画，准备再次拜见齐白石。

这是1947年的春天，李可染第二次登门拜访齐白石的时候，齐老正坐在躺椅上晒太阳。他闭着眼睛在院子中间的躺椅上轻轻摇晃着，看起来像是一幅画。齐老精神矍铄，一点儿都不像是80多岁的老人。

　　李可染到来时，齐老还沐浴在暖暖的阳光中，并未起身。李可染自然而然地走到齐老的身边，将自己的画递到他跟前。齐老睁开眼睛，看到了李可染的画，便顺手拿起看。看了两幅画之后，他突然从躺椅上坐了起来，拿着李可染的画，一幅一幅仔细端详，不时摸一摸胡须，整个人眼神都亮了起来，困意一扫而光。到最后，齐白石从躺椅上站了起来，拿着李可染的画在院子里来回踱步，自言自语地喃喃道："这才是大写意呢。"

　　将这20幅画全部看完之后，齐白石回过头仔细看眼前这个年轻人，问他是李可染吗？李可染连忙答应着点头，跟齐老交代了自己此次前来的缘由，希望可以得到齐老的指点。齐老看着这个意气风发的年轻人，大为赞许，发出了爽朗的笑声。齐白石十分推崇徐渭，他认为李可染的作品可以和徐渭相提并论，对他说："30年前我看到徐青藤真迹，没想到30年后看到你这个年轻人的画。"李可染听了齐白石的话，诚惶诚恐，但同时也特别开心，因为他得到了齐老的肯定，这是一件特别不容易的事情。

　　齐白石不仅德高望重，在书画界成绩斐然，为人也相当有魅力。他看完李可染的画，深觉后生可畏，也因为惜才，对李可染推心置腹，相谈甚欢。等李可染准备告辞离开的时候，齐白石挽留他在家里用饭，李可染不好意思叨扰齐老，怕影响了他休息，再三客气推辞，齐白石生气了，指着大门说出了"你走吧！"这样的话。最后在旁人的劝诫下，李可染答应留下吃饭。这也让他第一次见识到了齐白石的心直口快，一点儿不虚伪客套，说留你吃饭，就是真心实意喜欢你。

　　就这样，李可染成了齐白石家里的常客，隔三岔五便登门拜访，求齐老指点。在别人看来，李可染几乎已经算作齐老的徒弟了。但其实李可染心里有着矛盾，因为他认为，拜师是一件非常郑重的事情，他要做好充足的准备，把各项礼数尽到，在知名人士的见证下再行拜师之礼。没想到齐白石比他性子还急，见他一直不提拜师的事情，直接问他是不是不想拜师了！这可把李可染吓了一

李可染作品《梅花书屋》

大跳，他忙不迭地回答："您早就是我的老师了。"

齐白石有些郁闷，他不明白李可染这个闷葫芦脑子里在想什么，大概是他不想拜自己为师吧。他有些忧伤，这么好的苗子，他太喜欢了，于是不停地跟身边的人念叨："李可染这个年轻人，他不会拜我做老师的，他的成就，将来会很高。"齐白石的第三子齐子如觉得这俩人倒是有趣，明明已有了师徒之实，非要整得这么尴尬，于是找机会把齐老的话告诉了李可染。

李可染知道后，急得快哭了出来，他没有想到齐白石误会了自己的意图，竟以为自己看不上齐白石的成就。他赶紧跑去找齐白石解释，诚恳地告诉齐老自己的想法，并真心道了歉，他认为自己没有什么值钱的东西能拿出来孝敬齐老，不敢贸然行拜师礼，而且拜师这么重要的事情，他要请郭沫若和徐悲鸿先生在场主持，才能显得隆重。

齐白石听完他的话就笑了，他一向直来直去，有话从来不会藏着掖着，他告诉李可染，自己有钱，什么都不需要他准备，只要他的诚心就够了。李可染当然诚心诚意，他这次是真的明白了，齐老所谓的真性情，齐老的坦率让他感动，更让他敬佩。就这样，李可染在齐白石的儿子齐子如的陪同下向齐白石行了拜师礼。

看着眼前这个对绘画执着痴迷的年轻人向自己行礼拜师，齐白石感动得双眼濡湿，他扶起李可染，几度哽咽，最后说了一句话："你呀，是一个千秋万世的人啊！"李可染觉得自己何德何能，他承受不起齐老的夸奖，又觉得胸口被壮志填满，他应该更加努力，不能辜负齐老的期待。

1947 年，李可染正式向齐白石拜师之后，跟着他潜心学习国画。用李可染的话说，"齐老师认为我为人老实、忠诚，待我如同父子关系。我有空就到他那里去，他用哪只笔，砚台放在哪里，我全清楚，他待我太好了，我要是写齐白石可以写几万字。"受齐白石的影响，李可染的山水画开始由石涛和八大山人往金石画派靠近，他的笔力开始变得雄劲，力透纸背，水墨淋漓，与几年前有了明显的不同，更有气势。

齐白石门下弟子有数百人，其中不乏画界名流，但是他最看重的还是李可染和李苦禅两个人。他一直以自己晚年收徒一事为荣，他认为李可染是金石派的后起之秀，今后的成就绝不在自己之下，也因此对李可染极为推崇。齐白石曾经画了一幅《五蟹图》赠予李可染，并题词："昔司马相如文章横行天下，今可染弟书画可以横行也。"

李可染跟随齐白石主要学习创作态度和笔墨功夫。齐白石不擅长讲述，李可染常常站在一旁看齐白石作画，为他研墨理纸，学习他的运笔，总结心得。众所周知，齐白石的笔法成就最高，李可染此前的作品笔法较为迅疾，齐白石曾明确指出他的问题，有些过于轻和快。在跟着齐白石学画的十年间，受他的影响，潜移默化地发生了很大的改变，笔墨开始变得浓重，慢了下来。

李可染说："白石老师晚年作画，喜欢题'白石老人一挥'几个字，不了解的人就会联想到大画家作画，信笔草草一挥而就。实际上，老师在任何时候作画都是很认真，很慎重，并且是很慢的，从来就没有如一些人所想象的那样信手一挥过。他写字也是一样，比如有人请他随便写几个字，他总是把纸叠了又叠，前后打量斟酌，有时字写了一半，还要抽出笔筒里的竹尺横量竖量，使我这个在旁按纸的人都有点着急，甚至感到老师做事有点笨拙。可是这些字画悬挂起来之后，马上又会使你惊叹，你会在那厚实拙重之中，感到最大的智慧和神奇。"

就这样，李可染成了齐白石的得意弟子，此后十年，与齐白石相伴相随。李可染回忆起齐白石的时候，说老师总是话很少，每天除了午休的时候躺在藤椅上休息之外，大部分时间都在画画。他画的时候行笔很慢、很重，但是落笔之后却让人惊诧不已，在李可染看来，这就是累积了近一个世纪的功力。齐白石总是希望自己能够活得更长一些，这样他就能画更多的画，能够看到更多的画了。

李可染作品《万县瀼渡桥》

　　在齐白石这里，他学到的不只是绘画的题材和技巧，还有做人的道理，更有金石画派的精髓，还开发了美的新观念。他这一生都对齐白石极为敬重，直至晚年都时常将齐老挂在嘴边。提起齐白石，他总会说："我师从齐白石，最大的心得是线条不能快。好的线条要完全主动，要完全控制，控制到每一点，达到积点成线的程度。"

　　因为敬仰，邹佩珠也时常陪同李可染来一起学画，伴在老人身侧，认真看画。有一次，齐白石送给李可染一个纸包，交代他回去之后再打开。回到家中，李可染打开纸包，发现里面放着一块印有"李"字的图章，奇怪的是，"李"字旁边有一个小圆圈。李可染不解，次日去问老师此为何意，齐白石笑着说，因为你身边有一颗珍珠，意指邹佩珠。也因此，大家常说，邹佩珠是李可染身边的一颗明珠。

　　齐白石对这位弟子极为喜爱，究竟到什么程度呢？李可染每次去他家拜访的时候，齐白石就坐在门口的墩子上等着，手里揣着几枚零钱。等车来了，他就赶紧走上前把钱塞给黄包车夫，不让李可染出钱。

　　有一次李可染前来学画，临走的时候被齐白石叫住。齐白石打开柜子，取出一盒红印泥，送给了李可染。看到那盒印泥，李可染当时就愣住了。大家都知道，齐白石一直存着两盒上好的印泥，这两盒印泥价值等同于黄金，极为珍爱，自己平时都舍不得用，现在竟然要将其中一盒赠予他，这是怎样的情谊啊！

　　李可染慌忙推辞，这礼物太过贵重，他万万不敢收下。齐白石却摇了摇头，告诉李可染，钱财乃身外之物，这盒印泥，你一定要拿去。这是最好的西洋红印泥，如果有一天老师不在了，你盖章的时候看到印泥，就会时常想起我，我也算是有了欣慰。

　　听完齐白石的话，看着当时已经90多岁鹤发虬髯的恩师，李可染感动得热泪盈眶。他双手迎上，郑重地收下了那盒印泥，从此极为珍视，只有画出自己特别满意的作品时，他才舍得打开这盒印泥盖印。在他心里，这盒印泥是无上的至宝，是恩师对自己的鼓励，更是恩师对自己的期望。

　　齐白石对李可染的影响是深远的，他让李可染明白，艺术应该是把人民群众朴素健康的思想感情与古典艺术高妙的意象努力糅合起来，一方面尽力满足群众的要求，一方面又提高这些要求。不仅如此，齐白石的作品也达到了雅俗共赏的境界，李可染回忆起齐白石的作品时，总是这样说："把雅与俗统一起来,把形似与神似统一起来。最为重要的,是把数百年来古老的绘画传统与今天人民生活和思想感情之间的距离大大地拉近了,为中国画创作开辟了革新的道路,这一点我认为是大大了不起的,划时代的。"

"游子旧都拜国手,学童白发感恩师。"李可染知道,坚持不懈,努力画出更多、更好的作品,是对齐白石最好的纪念。

第五节

用最大的勇气打出来

　　在李可染的艺术理念中，坚持学习传统的绘画经验是必需的，他认为传统包括古今中外，包括一切间接的经验。但是他又从来不迷信传统的绘画经验，他最想做并且一直在践行的理念，就是将传统的绘画艺术发扬光大，同时也要跟现实生活与西方艺术相结合。

　　李可染曾经说过："中国是一个有高度发达的传统文化的国家，在中国美术史上，一些外来的文化传入，中国都有能力吸收消化，都曾变成为有益的滋养、促进。我要保留中国艺术的名贵的东西，但要将其拉到现代，让人感觉是今天的艺术。"

　　李可染认为，对于学习前辈艺术家，学习传统，要以最大的功力打进去，以最大的勇气打出来。想要钻进去不容易，想要脱出来就更难了。"有的人不愿进去，有的人进去了不愿出来，前者是虚无主义，后者是保守主义，两者都不懂得相辅相成的道理。"

能够坚定并践行自己的信念，这是非常难能可贵的。20 世纪 40 年代初，李可染的人物画达到了超高的水准，获得了很高的赞誉，然而他在山水画方面却遇到了阻滞，老舍先生曾直言不讳地指出他的问题。这也对李可染决定到北平艺专任教有着很大的意义，他去北平的目的，就是为了追求更高的艺术境界，学习更多、更高的绘画技巧。

黄宾鸿是另一位对李可染产生深刻影响的国画大师

也正是因此，李可染刚到达北平就投向齐白石门下，向齐老学习绘画。不久之后，他又向当时书画界的另一位大师黄宾虹求教。这两位国画大师的绘画风格一厚一拙，对李可染绘画能力的提升，有着不可替代的作用，也让李可染学会了沉淀和积累。李可染曾说："去学习素描算来不到两年，而我钻研民族传统仅仅笔墨一项就在齐白石、黄宾虹那里浸沉了十年之久。我跟齐、黄两位老师直接学习，所得教益，终生难忘。"

黄宾虹和齐白石不同，他善于讲画史和鉴赏作品，他的画里本身也有着很重的文化

黄宾鸿作品

含量。当时黄宾虹在北平古物陈列研究所当教授，同时也在北平国立艺专任教授一职。黄宾虹先生创作的"积墨法"浑厚华滋，继承了传统的精髓，也有着非常鲜明的个人特色。但是，这种特色也让他一度很"寂寞"，虽然和齐白石一样名声在外，但他的画并不被潮流所认可，事实上很多人都看不懂他的画。

有一次，黄宾虹把自己的画送给来访的客人，却遭到了拒绝，因为客人认为他画的画墨迹太重，黑乎乎的看不懂。尴尬的黄宾虹把画收了回来，摇头直叹息。也因此，黄宾虹对自己的学生说："五十年后把我的画拿出来，那时候人们或许有可能看得懂。"

提到黄宾虹不为主流所接纳，李可染曾经这样说："黄老先生的画有很多优点可供我们学习和借鉴，但他的意境比较旧，我们不能完全用现代人的思想感情去要求他。学习传统要有分析，要有师长舍短的精神。他的画有的乍一看并不感到好，好像很乱，甚至好像是画坏了的，但仔细看，感到有东西，他把笔和笔打乱，使不平庸，乱中求治，笔笔相生，笔笔相应，使画面逐渐形成一个整体。特别是晚年之作，更摆脱了对像的束缚，求自然内在的神韵，不像中求像，就是求物象内在精神的像，不取表面的貌似而求神似。画里书法意趣更浓，越画意趣越深峻，耐人寻味，这是经意之极的不经意。"

积墨作画，其实并不容易，一幅画如果加得少，看起来就会显得脏乱，若是加得太多则过于厚重。黄宾虹在笔墨的探索上花费了很大的精力，他反复地试验和练习，有时候能加十遍左右，最后才达到厚重苍劲、气韵灵动相融相衬的效果。

李可染在学习黄宾虹的作画方面，也并不是盲从，而是有选择的，他坚持认为作画是一个"先丰富、丰富、丰富，然后单纯、单纯、单纯"的过程。他将自身的素描功底和积墨法相结合，用西画的明暗调和了积墨法的层次，以积墨法为主，兼用泼墨法，形成了自己独特的风格。这也是黄宾虹特别欣赏李可染的一点，认为李可染非常有灵性。

李可染作品《夕照略阳城》

北方干燥的气候常常让黄宾虹觉得不适应，他时常流鼻血，偶尔的沙尘暴也让他觉得难受。1948年，80多岁高龄的黄宾虹离开北平，回到杭州养老。李可染非常不舍，常常想念黄老师。几年之后，李可染到江南写生时特地去看望黄宾虹老师，在他家里住了一个星期。

黄宾虹邀请李可染看自己收藏的作品。李可染发现黄老师的家几乎被画填满了，只剩很小的空间，他甚至在墙上装了一个小滑轮，可以方便地将画拉上去以节省空间。李可染在黄宾虹家中看了两天的画，他认为这些收藏的画作，很多都不如黄老师画得好。黄宾虹却笑了，他告诉李可染，自己是把这些画当作朋友来看的，"一个人交朋友多，见识才广。别人有长处，我就吸收。"这段话让李可染受益颇深，也经常对学生们讲起。

李可染在黄宾虹家中居住的时候，发现黄老师的眼睛患上了白内障，然而他每天还在坚持画画。有一天晚上，黄老师眯着眼睛在昏黄的灯光下画了七八张山水轮廓，一直到深夜，李可染在旁边看着，深受感动。在坚持作画这一点上，黄宾虹和齐白石一样，都非常勤奋，非常努力。提起两位老师，李可染常常感叹："前辈老师用功之勤苦，实非我等后辈可及。"

黄宾虹对这位弟子也极为喜爱，李可染在他家居住的这几天，他每天都会挑出一幅自己最满意的画稿，送给李可染。李可染离开杭州的时候，他颤颤巍巍地走出大门，亲自将李可染送了好远，望着李可染的背影，久久不愿离去。

在学习齐白石的笔墨和黄宾虹的墨法之后，李可染将两位大师的精髓与西方绘画相结合，把西画的用"光"和山水画相结合，让自己的山水画层次更加饱满灵动，这也让他的风格在画坛上独树一帜。

在学习传统绘画方面，李可染从来不怕吃苦，他勤奋苦学，从前辈处悉心求教，对传统绘画保持着充分的热爱和敬重，这是他所说的"用最大功力打进去"，也因此，才能学到传统绘画的精髓。

当做到"用最大功力打进去"之后，李可染便致力于"用最大勇气打出来"，将西画与传统相结合，用积墨表现丰富的层次。学习和承袭传统其实足以让李可染在画坛拥有很高的地位，然而，正是因为他的执着，冒着风险"用最大的勇气打出来"，才让当今画坛多了一位巨匠。

第六节

大雅宝胡同里的画家情谊

李可染和家人来到北平之后，就住在中央美术学院的教工宿舍里。教工宿舍位于大雅宝胡同甲 2 号，那是个大杂院，院子总长度也就十多米的样子，紧密排列着 20 来间房子。这座普通的大杂院里，却住着一群不普通的人。

李小可长大之后，说过这样的话："那里住的是一群有血有肉、坚守良知、胸怀光明的人，是一群与中国命运紧紧相连的艺术家。在我心里，这个院子是'文化寺院'，是'文化家园'，是文化的'大宅门'。"这话一点都不夸张，因为这里曾经居住着 20 世纪中国美术界最顶尖的美术大师们，堪称传奇。

叶浅予、戴爱莲、李苦禅、李可染、邹佩珠、董希文、张林

英、李瑞年、王朝闻、韦江凡、滑田
友、蔡仪、范志超、彦涵、祝大年、吴
冠中、张仃、程尚仁、黄永玉、张梅
溪、柳维和、袁迈、常濬、孙美兰、丁
井文、万曼、宋怀桂、贝亚杰、王曼
硕、陈沛、陈伟生、李得春、周令钊、
陈若菊、侯一民、邓澍……随便提
起一个名字，在中国美术界都是如

今天的大雅宝胡同甲 2 号

雷贯耳的人物。齐白石和徐悲鸿也常常来院子里串门，大家相互之间的关系都
特别好。

　　住过大杂院的人一定都知道这种感觉，来自天南海北的人，居住在一起，
相互之间没有血缘关系，但是因为日常饮食起居都在一起，亲似一家人。女人
们在院子里一起摘菜，讨论日常，孩子们在院子里做游戏，嬉笑打闹。东家拿根
葱，西家借点蒜，家门永远敞开着，欢迎每一位邻居的到访。一家有难处，大家
都会来帮忙。在这样的院子里一起长大的孩子，就像是兄弟姐妹一般，特别亲
近。

　　到达北平之后，李可染和夫人邹佩珠，带着儿子李小可，一起住进了这个
小院。未入住之前，李可染便听闻，这里居住的都是美术界知名的人物，也因
此，他们夫妻二人内心尤为激动，和邻里相处的时候，也很客气，生怕怠慢了哪
位。

　　但是真正住进来之后，他们发现自己的担忧完全是多余的。这里的人完全
没有一点儿架子，就像是自己的亲戚朋友一样，热心地帮他们搬东西，收拾打
扫，还拿来了现成的食物。在这样一种环境中，或许根本不需要融入，因为这个
集体本身就包容了一切。大家平时天南海北地聊，吃饭的时候，也经常凑到一
块儿，谁都不跟谁过分客气，融洽得让人羡慕，没有一丝距离感。当然，他们对

大雅宝胡同居民为齐白石贺寿

李可染一家，也十分欢迎。

李可染的妻子邹佩珠性情豪爽，为人又热情大方。院子里的石榴一熟，她就张罗孩子们拿着盆盆罐罐来摘石榴，孩子们都亲切地叫她"李妈妈"。

李苦禅性格刚直，平时家门也总是开着，用大家的话说，他们家的"门"就是个摆设，好像根本没装过一样。孩子们从院子里跑进他家，随便进进出出，端起水就喝，他也从来没嫌弃过。

李可染经常征询董希文对自己作品的看法和意见，董希文虽然比较严肃，话不多，但在艺术讨论方面，他知无不言，除了跟李可染讨论国画之外，他还喜欢找王朝闻讨论油画民族化的问题。他是典型的外冷内热，家里有了好吃的，也必然会让妻子第一时间端出来给孩子们分享。

黄永玉从香港来到北平，他是院子里最年轻的教授。他当时40岁，却像个"活宝"一样，总是能跟孩子们打成一片，跟孩子们玩时他总有特别的招数。院子里的孩子特别喜欢粘着他，也佩服他。李可染去拜访齐白石的时候，经常会带上黄永玉，两人一起学习切磋。

吴冠中对自己的发型很在意，喜欢去理发店请师傅给他打理发型，但是他为人内向，不知道该如何跟人沟通。不仅如此，日常生活中的小事，他都很少开口，他像是一个活在画中的人，简单又纯粹……

这些艺术家们相互之间不过多干涉彼此，但同时也惺惺相惜，影响和改变着彼此。有一次，李小可找黄永玉玩，玩了一会儿，黄永玉有些累了，看起来没什么精神的样子。李小可问他怎么了，黄永玉回答，昨天画画画得太晚了，导致失眠，就影响了今天的精神。原来昨天晚上黄永玉画到深夜，准备收拾睡觉，临睡前出来上了个厕所，打开门他发现李可染工作台的灯还亮着，他心里觉得羞愧，李可染先生接近 60 岁了，还每天画画到深夜，自己跟他比起来显得太过懒散。于是，黄永玉返回房间，又接着画了起来。

李可染的勤奋，在院子里是出了名的。他练笔用的写字台很陈旧，上面铺着一张暗灰色的军用棉毛毯。很多人都不知道，那是因为案中间有一个大洞，是因为李可染每天在上面写字，毛笔和墨汁长年累月，把桌面磨穿了。

陈若菊是第四套人民币的设计者之一，对陶瓷美术有着很深的造诣。在大雅宝胡同居住的那段日子里，她是中央美院的老师，非常喜欢李可染的画，经常到李可染家中看画。李可染也豪爽地说："陈若菊，我的画你喜欢哪张就拿哪张。"陈若菊特别开心，想去李可染家中要画，却被自己的丈夫拦住了。他告诉陈若菊："画一张画不容易，哪能随便要，搞散了就不好了。"

李可染知道这件事之后，特意送画给陈若菊，让她不要想那么多。大雅宝胡同里的艺术家们，相互之间不求功利，用最纯粹和简单的情感相处着，让人感动。

大雅宝胡同甲 2 号的孩子们的童年生活虽然不算富裕，但都特别快乐和幸福。院子里的孩子们，给自己取了个称号，叫作"大雅宝儿童团"，大家经常一起玩耍，有时候也进行集体活动。有一次黄永玉带领儿童团去西郊动物园，孩子们都要乐疯了。孩子们自己带了干粮，每人背着一壶凉白开，排着队，跟着黄永玉浩浩荡荡地上了公交车。那个时代，能够去一次动物园是很多孩子的梦

横空出世莽崑崙
閱盡人間春色
飛起玉龍三百萬
攪得周天寒徹
夏日消溶江河橫
溢人或為魚鱉
千秋功罪誰人
曾與評說

而今我謂崑崙不
要這高不要這多雪安得倚天抽寶劍把汝裁為三截一截遺歐一截贈美
一截還東國太平世界環球同此涼熱一九六五試寫毛主席詞意于北京 可染

李可染作品《崑崙山》

想。这件事，让很多孩子长大之后都记忆犹新。

李可染家和黄永玉家挨着，黄永玉在李可染家的窗户下搭起了一个架子，种上了一棵葡萄树。到了中秋节的时候，葡萄成熟了，挂满了枝头。大家都纳闷，明明只有一棵葡萄树，怎么会同时结出紫红色的葡萄和绿色的马奶子葡萄呢？仔细一看，才发现原来这些葡萄是用红线绑在葡萄藤上的。葡萄树上的葡萄要到第二年才成熟，这是黄永玉自己掏钱买的葡萄，来逗大家开心的。

孩子们像是过年一样，围着葡萄树又唱又跳，干脆举办了一个中秋葡萄月饼晚会。黄永玉拉着手风琴唱歌，李可染笑着从房间里出来，拿着自己的那把胡琴，坐在门口给孩子们拉琴伴奏。邹佩珠和常濬就着节奏唱起了京剧，邹佩珠喜欢反串须生，最拿手的曲子是《搜孤救孤》；常濬唱《碰碑》韵味十足，引得一片喝彩。过了一会儿李苦禅从屋子里提着大刀走出来，在院子里舞弄他那二十多斤重的纯钢大关刀，别提多热闹了。

因为这里汇聚了中国美术界的中坚力量，很多社会名人和艺术家也经常到这里来拜访。郭沫若、沈从文、齐白石、吴作人、新凤霞……都是这里的常客。特别是齐白石，堪称院子里的"大家长"。李可染、李苦禅、叶浅予都是他的弟子，黄永玉、张仃、王朝闻、李瑞年等人也常受他的指点，喜欢向他讨教。这里的孩子们都亲切地叫他齐爷爷，跟他一点儿也不生分。李小可两岁的时候，齐白石特地画了一条大鲶鱼，题字"二岁小宝"送给他。

虽说住在这里的艺术家们每个人对艺术的观点和所秉承的风格不尽相同，但是大家彼此之间都特别尊重。真正的艺术家之间，不会相互贬低，他们会相互赞赏，相互学习和进步。他们相处之时谈论的不是自己的艺术成就，也不是自己的社会地位，而是探索如何让美术发展得更好，如何画出更高水准的作品来。

在学校是好同事，回到这里就是好邻居，大雅宝胡同甲 2 号，就像是一个美好的童话世界，这些艺术家们在这里创造出了 20 世纪中国美术的辉煌。

北京画院副院长吴洪亮在自己的文章里这么写道："大雅宝胡同的人物，涵盖了中央美院学科建制的各个门类，包括国画、油画、版画、雕塑、艺术史甚至是工艺美术。大雅宝胡同甲2号的艺术家们代表了20世纪中期中国艺术的主流样貌。他们的艺术风格形成于一个转折的时代，这其中有自我的追求，更有时代的要求，有主动的探索也有被动的塑造，但他们在通变中求变通，这是某种态度，更是对艺术执着的爱。"

第七节

徐悲鸿与李可染

在李可染的一生中，遇到过很多帮助过他的人，这些人或是他的师长，或是朋友，或是亲人，他们让李可染的生活与绘画事业渐渐步入正轨，也让他常怀感恩之心。这些人中，有一位对李可染来说，意义非凡。他就是徐悲鸿，事实上徐悲鸿之于李可染的意义，除了良师益友之外，更像是一名伯乐。可以说，徐悲鸿的出现，改变了李可染原有的人生轨迹。

在结识徐悲鸿之前，李可染当时在重庆只是初出茅庐的无名小辈，他的未来可能是当一名重庆艺专的老师，又或者接受杭州艺专的邀请，回母校教书，就像很多美术老师一样，日子过得平平淡淡，无缘问鼎绘画的巅峰。他对中外美

徐悲鸿对李可染的意义非凡

术界的大师充满了敬仰和憧憬，但是知道自己能力有限，不敢想象可以得到他们的指点。直到遇到徐悲鸿，这位年长自己12岁的画家，让李可染的生命有了一个很大的转折。

徐悲鸿比李可染年长12岁，抗战期间，他已经是享誉海内外的知名画家。当时李可染在重庆文工会做事，并没有得到很多人的关注。直到那次画展，徐悲鸿看到了李可染的水彩画之后，用自己的《猫》和李可染交换，还特地写了一封信给李可染。李可染收到信件，听说是徐悲鸿写给自己的，他还以为是同事在开玩笑，然而在看完那封情真意切的信之后，他激动得久久无法平静。李可染没有想到，像徐悲鸿这样有名气的画家，竟然愿意"屈尊"跟自己交换画作，这是一件很不可思议的事情。这也充分说明了，徐悲鸿心胸宽阔，对艺术抱有一颗纯粹之心。

交换了作品之后，李可染对徐悲鸿更加尊敬了，这也让他有些不太好意思主动去接近徐悲鸿，生怕怠慢了对方。没想到，在不久之后的重庆画家联展上，李可染发现自己的作品《牧童遥指杏花村》下面被贴了一张小条子，条子上赫然写着"徐悲鸿订购"五个大字。在这次画展上，徐悲鸿一共订购了四幅画，分别是谭勇的《忍看孤小对凄怆》《征衣密密缝》，梅健鹰的

徐悲鸿与齐白石

《嘉陵江纤夫》，李可染的《牧童遥指杏花村》。前来观展的人，见到李可染的画被徐悲鸿订购，议论纷纷，很多人要求临摹这张画，一时间李可染的名声被大家广为传颂，引起了不小的反响。

李可染没有想到，徐悲鸿对自己如此赏识，除了交换作品之外，还特意订购了自己的画，这让他特别感动，同时也因为自己之前不好意思拜见徐悲鸿的事情而惭愧，原来是自己小气了。画展结束之后，李可染第一时间拿着这幅画跑到了徐悲鸿的住处，郑重地将画送到他的手中，向他表达了自己的感激之情。徐悲鸿爽朗地笑了，他告诉李可染，你值得，你的画值得。

从此以后，徐悲鸿在李可染的心里，从一个高高在上的"大师"变成了一位亦师亦友的兄长。就这样，两个人成了朋友，徐悲鸿在重庆居住期间，李可染也常常去找他探讨艺术的真谛，向他讨教绘画技术。

李可染的住处和徐悲鸿的相距并不远，大约只有一二里路。徐悲鸿和蔼可亲、平易近人，常常把自己收藏的一些名家作品拿出来让李可染观摩。他藏有七八十幅齐白石的精品，李可染看了后，被老人的笔墨深深打动了。

当得知齐白石和徐悲鸿是知己之后，他更是感动得不行。齐白石本是木匠出身，只读过半年私塾，当时北平艺专的保守派对齐白石多有诟病，认为齐白石半路出家，不足以成为绘画界的领袖人物，也不够资格进入北平艺专任教。当时刚刚上任的徐悲鸿认为齐白石艺术造诣深厚，在绘画上有独创精神。他不顾阻挠，多次登门拜访齐白石，邀请他担任北平艺专的老师，希望能够改变北平画坛平庸保守的景象。徐悲鸿在学校极力推崇齐白石，齐白石最终被徐悲鸿打动，两人也因此成了忘年之交。

1946年，徐悲鸿受聘出任国立北平艺术专科学校校长，同时，他向李可染发出了邀请，希望他能够来北平艺专任教，并承诺会从中牵线搭桥，将他介绍给齐白石、黄宾虹两位大师。这是李可染一直梦寐以求的事情，同时徐悲鸿的人格魅力也深深地打动着他。

李可染作品《桂林春雨 》

　　黄宾虹的儿子黄鉴曾经写过这样的话："在旧社会那套文人相轻，尔虞我诈，争权夺利，为了攀高枝不惜打击别人抬高自己，专搞派系门户主义，甚至勾结官僚，利用舆论工具进行捧骂的丑恶行径，和徐悲鸿先生的高贵品质是不可同日而语的"。徐悲鸿爱才如命，他自己也说过："一个画家，他画得再好，成就再大，只不过是他一个人的成就；如果把美术教育发展起来，就能培养出一大批画家，那就是国家的成就。"

　　徐悲鸿深知李可染对齐白石的崇敬，他相信李可染绝对抵挡不住这份"诱惑"。但同时杭州艺专也向他发出了邀请，到底是回妻子的家乡杭州，还是去北平呢？这让李可染陷入了两难。邹佩珠看出了他的困惑，跟他诚恳地谈了一场，她告诉李可染，自己固然思念家乡，但是如今对她来说，李可染和孩子，是最重要的。而她很清楚,绘画对李可染来说是多么重要,她愿意无条件地支持李可染,支持他追求自己的艺术梦想。

李可染看着身旁的妻子,感动得握住了她的手。就这样,李可染推掉了母校杭州艺专发来的邀请,决定北上。这个决定,从此改变了李可染的人生轨迹。

到达北平之后,李可染顺利进入北平艺专,任职中国画系的副教授,带领邹佩珠和儿子李小可住进了画家云集的大雅宝胡同甲2号。安顿好之后,李可染前去拜访徐悲鸿,向他表达自己的谢意。没想到,徐悲鸿比自己还激动,他告诉李可染:"我邀请你到北平艺专来任教,是我想了很久的事,望你尽力施展才华,不负众望!"李可染看着徐悲鸿,也郑重地许下了承诺:"承蒙徐先生看重,能够受邀来北平,是我的荣幸,我一定尽职尽责,请你放心。"

很多人都不知道,徐悲鸿担任北平艺专校长的时候,学校的国画专业仅有很少的几个职位,而徐悲鸿的学生众多,大家都满怀希望,跃跃欲试。结果,北平艺专国画专业仅仅聘请了叶浅予、蒋兆和、李可染和宗其香四个人。这四个人之中,只有蒋兆和与宗其香是徐悲鸿的学生,李可染这个从外地而来的名不见经传的人物能够获得这一职位,确实很出人意料,可见徐悲鸿对李可染的赏识和喜爱。在北平的这些年,李可染与徐悲鸿成为挚友,徐悲鸿也经常去美院的宿舍里探望他。

不久之后,徐悲鸿就兑现了自己的诺言,将他引荐给了齐白石和黄宾虹两位大师。李可染跟着两位大师潜心学习绘画,使自己的作品有了质的飞跃。李可染晚年的时候回忆起这件事,曾经说过这样的话:"我当时40岁,如果不向齐白石、黄宾虹这样承前启后的绘画大师学习,我们将会割断历史,犯历史的错误。"当时李可染的人物画进步神速,但是山水画进入了瓶颈期,若不是跟随两位大师学习,他也无法拥有日后傲人的成绩。

世人只知齐白石、黄宾虹两位大师对李可染的作品产生了深远的影响,却往往忽略了另一个对李可染影响很深的人——徐悲鸿。徐悲鸿除了对李可染有知遇之恩外，对他的艺术道路也有着很大的影响。

徐悲鸿本人的艺术成就非常之高，除了绘画之外，在诗词、国学等领域他也是一位佼佼者。从重庆到北平，李可染跟他相处了十余年，一直受他的爱国情怀和美术理论所影响。

在重庆生活的那段时间，李可染和徐悲鸿的学生傅抱石走得很近，并开始学习石涛。徐悲鸿告诉李可染，学习石涛一定要大量写生，真正将自己融入到山水和艺术当中去。李可染听了徐悲鸿的话之后，开始了山水写生。直到1954年之后，李可染决定改革国画，致力于江南游历写生，也与徐悲鸿有着很大的关系。

李可染的课余时间基本都用来潜心研究绘画。1948年，李可染在北平举办了他的第二次个人画展。徐悲鸿又亲自为他的画展作序，并且主持了画展的开幕仪式，还收藏了李可染近10幅作品，后来这些作品被放在了徐悲鸿纪念馆内，著名的《拨阮图》《怀素书蕉》就是当时徐悲鸿收藏所得。

除了没有门户之见，一生爱才如命之外，徐悲鸿也有着忧国忧民的爱国主义情怀。他画了无数的奔马图，大多是为了纾解悲愤，希望中华民族能够觉醒起来，自强不息。他的这些性格和人生观也影响了一大批人，其中就有李可染。从徐悲鸿的身上，李可染看到了一个爱国主义画家的情怀，此后他画了很多红色山河的作品，游历写生，也是为了表达自己对祖国山河的热爱，激起民众的爱国主义热情。李可染后来在自己的学生面前说："我敬悲鸿先生为师长。我能有今天，和悲鸿先生的关怀提携是分不开的。"

如果没有徐悲鸿的指引和赏识，李可染不会有如今这番辉煌的成就，可以说是徐悲鸿成全和造就了今天的李可染，两个惺惺相惜的艺术家，用一生的友谊谱写了一个画坛的传奇。

第四章

画者画魂

HUAZHEHUAHUN

李可染和徐悲鸿一起致力于改革国画，很多人想要拉拢李可染，希望他能够反对徐悲鸿，他从来都没有理会过，他内心坚定，认为徐悲鸿是心怀山河的大家，他的革新思想是有划时代意义的，遇到阻碍是正常的，他必须要和徐悲鸿一起，顶住压力，这样中国画才有希望。

第一节

改革国画

中华人民共和国刚刚成立不久，百废待兴，然而中国画遭到了一众民族虚无主义思潮的反对和轻视。他们认为传统的中国画太过保守，是封建遗老遗少的残留，无法反映新的社会生活与时代精神，将它称之为"文化鸦片烟"，呼吁取消中国画。在这种思潮的影响下，传统国画行业遭到了巨大冲击，很多画铺纷纷倒闭，改行做了其他营生，画家们的作品卖不出去，在路边摆摊两三块钱都没人买，这种状况不仅打击到了他们的信心，也直接影响到了他们的生存。一时间中国画受到了前所未有的冷落，美术家们哀声一片。

1949 年国立北平艺专和华北大学三部美术系合并，次年正式更名为中央美术学院，一大批传统的国画画家面临着两难的境地。李可染因为曾经在杭州学习过西画，被任命在绘画系教授水彩课，名为中央美术学院中国画副教授，实则内心苦闷不堪。齐白石的另一位弟子李苦禅先生，沦落到在学校的传达室看大门的地步，这让李可染大为吃惊。原本以为在北京可以安心探索国画奥妙的李可染，没有想到中国画会面临着这样的境地，这突如其来的转变，让他痛心不已。

中年李可染作画

"逢人耻听说荆关，宗派夸能却汗颜。自有心胸甲天下，老夫看惯桂林山。曾经阳羡好山无，峦倒峰斜势欲扶。一笑前朝诸巨手，平铺细抹死工夫。"这是齐白石在阳朔游历期间，山水写生之时所作的词，也是让李可染茅塞顿开，对他后半生影响至深的一首词。

传统的中国画派受"宗派跨能"影响，大家力求相似，平庸无为。李可染认为画坛应该是生机勃勃，百花齐放的，他决定效法齐白石"自有心胸甲天下"的大胆独创精神，和几位画家一起努力，到生活和大自然中写生，改变北京画坛死气沉沉的现象，改革中国画的局面。

1950年，《人民美术》创刊号刊登了李可染的《谈中国画的改造》一文，他在文中这样写道："反对封建残余思想对旧中国画无条件

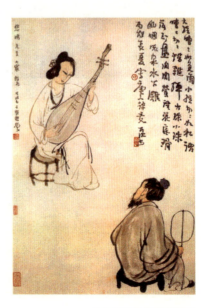

李可染作品《浔阳琵琶》

李可染作品《横去岭外千重树》

的膜拜，反对半殖民地奴化思想对于遗产的盲目鄙弃，我们要从深入生活来汲取为人民服务的新内容，再从这新的内容产生新的表现形式；我们必须尽量接受祖先宝贵有用的经验，吸收外来美术有益的成分，建立健全进步的新现实主义，同时还要防止平庸的自然主义混入。"他还提出"改造中国画首要一条，就是必须挖掘已经堵塞了六七百年的源泉"。

从明清以来，中国山水画界的风气只是一味地临摹古人，这是一个非常危险的信号。闭门造车不会带来进步，只会让美术的发展停滞，甚至倒退。要挖掘已经堵塞的源泉，就是要回到大自然中去，用真实的感受写生。

在这一点上，徐悲鸿和李可染的想法是一致的，他不忍见中国画逐渐没落和颓废，被保守派们所耽误，写了很多文章发表于报端，提出了国画必须要改革，要描写人间生活。他的这一行为遭到了保守派的强烈反对，他们认为徐悲鸿是"璀璨国画"的罪人，甚至提出了将徐悲鸿驱逐出画坛的口号。

当时，李可染和徐悲鸿一起致力于改革国画，很多人想要拉拢李可染，希望他能够反对徐悲鸿，他从来都没有理会过，他内心坚定，认为徐悲鸿是心怀山河的大家，他的革新思想是有划时代意义的，遇到阻碍是正常的，他必须要和徐悲鸿一起，顶住压力，这样中国画才有希望。他对前来劝阻自己的人说："中国画特别是山水画，再这样从临摹到临摹，死气沉沉，就是自走绝路！徐悲鸿主张对旧的中国画进行改造，让古老的艺术充满活力，焕发青春有新意，有什么不好？"

因为支持徐悲鸿，李可染得罪了很多人，但是他一向爱憎分明，也不在乎这些。徐悲鸿为了改革国画用心良苦，更何况还对自己有知遇之恩，他怎么能在这个时候倒戈相向呢？李可染绝对不会为了自己的利益背叛徐悲鸿，也绝对不会背叛自己对国画的热爱和信仰。李可染和宗其香一起宣传水墨写生和人间写实的绘画理念，提倡新国画，鼓励大批的山水画家到生活中去，真实地感受大自然的壮美。

鲁迅先生提出过这样的观点："旧形式不能适应新内容，必有所增益和删除，就有所改革"。这句话，同样适用于中国画的革新上。李可染认为，对画家来说，直观的感受比临摹和间接经验重要得多，只有亲身感受到大自然的美，才能够画出更好的作品来。他认为，时代在改变，观众们的审美在改变，那么绘画的技法发生改变也是必然的。关于改革国画，他曾这么说："有些人专以仿古为能事，没有自己的感受，自然就沦入公式化，这不是学习遗产的正确态度，中国画的糟粕，我认为就是公式化。为了避免公式化，我们必须到生活中去，自然界本身是丰富多彩，变幻莫测的，它可帮助我们克服公式化。"

公式化是一件很可怕的事情，这会让画坛失去生机，变得脱离生活，缺乏意境。真正的好作品，必须是有很强生命力的，因此，改革国画是迫在眉睫的问题。

1951年，作为中央美院的老师，李可染跟随新华社的记者一起前往广西南宁参加土地改革，将自己擅长人物画的优势充分发挥了出来。其实在此之前他的人物画多为古代仕女、士大夫等题材，与现实生活没有什么关系，可谓是传统的书斋画家。为了突破，他选择到群众中去，画了很多生动鲜活的作品。房屋田舍、牛羊耕具、工农群众……这些都成了他画中的景致，他通过自己对土改中劳动人民的观察，经过构思和加工之后，将它们呈现在画面上，创作出新年画《工农劳动模范北海游园大会》等一大批知名作品。李可染对土改人物写实创作投入了极大的热情，他想要通过自己的作品，向全世界传达中国社会的巨大变革，也想要通过这些作品，向社会证明自己可以为新时代的人民服务，可以与时俱进。

这是李可染第一次用这种手法来画人物，然而这条路却充满了荆棘，根本走不通。有一次，李可染随着群众在剧院里观看话剧《白毛女》，剧场里黑乎乎的，只有两盏昏黄的指引灯，他硬是凭着自己的感觉和记忆画出舞台形象的速写。遗憾的是，这次他的作品并未得到社会各界的认可。根据邹佩珠的回忆，

"当时杨白劳给喜儿扎头绳的画面受到了批判，被认为是丑化劳动人民的，这一下子把李可染打闷了，不敢再往下画了。"李可染想要继续写实人物画的心愿遭到了巨大的打击。

1952 年，曾经去过云冈石窟的李可染，再次来到这里考察，随后又跟随中央文化部考察炳灵寺石窟、龙门石窟、西安碑林等历史文物古迹，他看到了中国古代伟大的艺术，深受震撼，更加坚定了要改革国画的决心。

人物画写实作品不被社会所认可，这让李可染一度非常困惑和苦闷。在经过两年的沉寂和迷茫之后，47 岁的李可染决定放弃人物画创作，转而投身到山水写生当中。1954 年，李可染经过慎重的决定之后，南下江南写生，从此开始了漫漫游历写生之路。

第二节

游历写生

1954 年，李可染将"为祖国山河立传"作为自己的座右铭，为了改革传统国画行程数万里，十年间跋山涉水，先后进行了八次大规模的旅行写生活动。李可染游历大江南北，从山水写生，转向山水创作，完成了数百幅作品，并提出了"师造化"的观点和"搜尽奇峰打草稿"的艺术主张。

艺术不能脱离生活，游历写生是李可染改革国画所跨出的很重要的一步。1954 年，李可染已经 47 岁，年近半百，却突然做出了要南下游历写生的决定。很多人都表示不解，做个安逸的美术老师不好吗？为什么非要去受那份罪？而且，在当时很多画家都认为，山水画根本不能反映生活。

李可染对这种言论也有过回应："有人以为山水画不能

反映生活,这是不对的","山水画在今天不是发展不发展的问题,而是如何发展……我们的美术作品应该表现'人',大力发展直接反映社会生活的人物画,同时,也要相应地发展山水画。"

李可染在写生中

道不同不相为谋。李可染不想过多解释,他的精力要用在改革国画上,而不是与人做无谓的争端,他要用实践让世人知道山水写生的重要性,创造新的山水画艺术。改革中国画需要深入到现实生活中去,实践探索,同时要有深厚的传统绘画功底,也要懂得西方绘画技巧,将二者融会贯通,李可染的能力和决心都符合这些条件,这个时候的他,是承载着历史使命的。

这一年李可染的山水画形态开始转型。他说过这样的话:"白石老师平时作画,既不看真实的对象,又不观看粉本和草稿(除了特殊题材),就是这样'白纸对青天','凭空'自由自在地在纸上涂写,但笔墨过处,花鸟鱼虫山水树木尽在手底成长,而且层出不穷,真是到了'胸罗万象'、'造化在手'的地步。"同样,他也在朝着恩师的方向努力。游历写生期间,他脱离生活的公式化,写生重点在研究写实性的造型,而非笔墨,力求将山水画画出老舍先生所期待的"新诗"的境界。

中央美院实用美术系的主任张仃也曾经向齐白石和黄宾虹两位大师学习绘画,他和李可染一样住在大雅宝胡同甲2号院里,两人平时关系密切,经常探讨中国画的改革问题,在美学价值观和中国画的未来上两个人的看法一致,经常谈到深夜,对于中国画所面临的困境,张仃也是十分无奈和痛心。

很多年后,张仃回忆起当时的情况说:"当时美术学院学生几乎没有愿学中国画的。素描好的进油画系,差点的进雕塑系、版画系,最差的进中国画系、实用美术系。中国画系奄奄一息,面临绝境。像李可染那么有修养的人,学生都

李可染作品《夕照中的重庆山城》

不愿意去听他的课。当时文化部在北海公园团城上展览了一批搜集的中国画,学生们看了,提出一系列疑问,什么'不合透视'啦,'为什么没有光影'啦,'为什么人物不合解剖'啦等等,李可染先生,搞了几十年中国画,面对学生一连串的质问,都无法回答。"

罗铭 1952 年被徐悲鸿聘为中央美术学院国画系讲师,他和李可染、张仃二人有着相同的美术主张,对改革国画有着很迫切的希望。

莫愁前路无知己。李可染、张仃、罗铭三人经过一番商量之后,决定前往江南写生。但是当时的状况,他们的薪水也仅够维持生活,根本没有多余的经费。时任《新观察》主编的沈孚知道此事之后,主动找到了李可染,答应给他们三个人一百元钱作为经费,并且承诺他们归来之后,会把他们的作品发表在《新观察》上。拿着这一百元经费，三名画家于 1954 年一起出发，到江南写生，共历时 3 个月。李可染随身携带了两枚印章，"可贵者胆"和"所要者魂"，激励自己要敢于突破传统的限制，创作具有时代精神的作品。

三名画家靠杂志社预支的一百元钱稿费维持生活，一路上都住在车马店，吃简单的食物。邹佩珠回忆起当时的情景潸然泪下："可染的衣服破了，鞋也漏了，鞋底垫着个纸片，就这样到了南京我大姐家。大姐帮他缝补鞋袜，还替他买了回程车票。等到他回来时，就跟叫花子一般。"

同年 9 月，江南写生回京的三人在北海公园悦心殿举办了联合写生画展览。这在当时的北京画坛掀起了不小的轰动，人们没有想到，李可染他们竟然真的跑到山水中去写生，去创造，首先这份苦一般人就吃不了。齐白石、徐特立对这些作品表达了极大的认可和肯定，而这次展览，也成了中国美术史上至关重要的一刻。

吴冠中对这次画展给予了高度评价，他认为这次规模不大的画展是中国山水画发展的里程碑，不可等闲视之。"他们开始带着笔墨宣纸等国画工具直接到山林中、生活中去写生，冲破了陈陈相因、日趋衰亡的传统技法的程式，创作了第一批清新、生动、具有真情实感的新山水画。"后来他还说："中华人民共和国成立 30 余年来的山水画新风格的蓬勃发展，大都是从 1954 年的北海展览会的基点上开始成长的。"

黄永玉也为三位画家发声："我们固然也喜欢古代的优秀美术作品，难道我们不更应该从今天的活泼、新鲜、明朗、健康的现实生活来要求今天的艺术创作吗？"

虽然这次画展引起了美术界的高度重视，也激起了很多画家改革中国画，进行山水写生创作的兴趣，但是仍然有很多人对此事持怀疑和否定的态度。当时中央美术学院有一位德高望重的油画老师叫作董希文，他一向非常重视传统的中国画，也一直致力于将油画和国画结合，使油画民族化，李可染一向对他很尊敬,也很在乎他的看法。董希文看了他们的作品之后,虽然表示了赞赏,但是也给了李可染不小的打击。他告诉李可染:"我看中国画的表现力还是比不上油画。"他始终认为,国画的表现力还是不够。

因为董希文的话,李可染受到了打击,但是很快就振作了起来。他没有灰心,反而觉得自己应该再努力一把,让中国画的表现力达到更好的效果,让董希文等画家刮目相看!

于是,1956 年李可染又一次溯长江而上,先后游历太湖、杭州、绍兴、雁荡山、黄山、岳麓山、韶山、三峡、重庆……等多处景点,整整历时八个月,行程数万里,画了两百余幅作品。回京之后,李可染在中央美术学院大礼堂举行了"李可染水墨山水写生作品观摩展",为期三天,再次震动了北京艺术界。

这次游历写生对李可染产生了极大的影响,他在游历中探索光线和墨色之间的转换,力求创新,实现了从"对景写生"到"对景创作"的升华,也将自身的积墨法运用到了极致。李可染对那次江南写生有着很深的感触,他说:"没有 1956 年,就没有后来的作品。"

李可染把自己的所见所闻全都收入画中,用水墨表现新时代人们的生活景象,一点儿都不觉得突兀。面对人们对国画的质疑,李可染坚信四个字——东方既白。

为了提高水墨写生技术,将西画和传统的中国水墨画更好地融合,1957 年李可染和画家关良一起前往德国写生。这次写生历时四个月,李可染取得了极大的成就,在德国一炮而红,德国美术界被中国的水墨写生作品深深折服,柏林艺术学院为两位画家举办了联合画展。

李可染的山水写生作品达到了鼎盛时期,作品气韵浑厚,震撼人心。从德国回来之后,李可染在全国八大城市举行作品巡展,并给这次创作的作品命名为"江山如此多娇"系列。这次全国巡回展出,获得了美术界的普遍认可,很多人对他表示赞赏和钦佩。

这一年，李可染正在德国写生，97岁的齐白石与世长辞。李可染听到消息之后哽咽到说不出话。无法赶回来奔丧，这让他遗憾终生。但也更加坚定了自己要改造中国画的决心，他一刻未曾忘记恩师的教诲，也深知自己背负的历史使命，只有画出更好的作品，才是对恩师最好的纪念。

这次德国的游历，让李可染有了信心，他终于可以向世人证明，中国水墨山水画的表现力完全不输于西方油画。他说："我们东方的艺术就像是蒙上了灰尘的珍珠，人们看不到它的光彩。今天，我们新时代画家就是要抹掉历史的灰尘，让珍珠重新发出光彩，让我们东方一个既古老又年轻的民族对世界重新做出最伟大、最精彩的贡献，如像西方意大利文艺复兴那样。"

李可染的山水写生之路并没有停下，他将改革中国画和自己的命运紧紧地联系起来，以文艺复兴为己任。1959年李可染又前往桂林漓江写生，这一次他把写实山水画推到了极致，从行到神，再到韵，把漓江表现得淋漓尽致。他的作品也得到了大家的认可，成为人民大众所喜闻乐见的新国画。

回京之后，李可染在美院讲了一场大课，全院的学生都来听讲。他把自己这些年多次外出写生的经验讲给大家听，告诉大家"山水画的意境"应该从哪里来，获得了如雷般的掌声。这一次，除了质疑之外，认同他的声音更多了。

这些年，李可染常年在外游历写生，邹佩珠对他从来都是无条件地支持。但是她也对李可染有着很深的担忧。"写生时跋山涉水，鞋子很重要。可染的脚和常人不同，有畸形，脚底下有块突出来的地方，走路会痛。我就在他鞋底挖一个洞，刚好合他的脚形，然后再加一层鞋底。这辈子我做了多少双这样的鞋真记不清了。鞋坏了之后的路程对可染来说异常痛苦，但他还是会坚持走完。"

正是因为妻子邹佩珠的支持，让李可染没有了后顾之忧，他知道妻子会安排好家里的一切。而邹佩珠为了李可染的写生放弃了自己挚爱的雕塑事业，全心全意照顾家人。"我们有5个孩子，还有老母亲要赡养。可染的哥哥、姐妹家中有困难都需要我们帮助，老家亲戚钱不够，也要寄去。"

　　两个人微薄的工资根本不够维持这一大家子的生计。学校了解到他们的难处之后，每个月给他们多发了 20 元的补助，邹佩珠领了一次之后，告诉了李可染。李可染拒绝了，告诉她，他们可以自立自强，不需要靠学校接济，学校也不容易。邹佩珠理解丈夫的想法，她找到了一个中学兼职当美术老师，"每天光批改作业就要到半夜，第二天还要上班，我少睡觉的功夫就是从那个时候练出来的。"

　　一个成功男人的背后，总有一个默默付出的女人。而邹佩珠就是一路支持李可染走到最后的那面坚强的后盾。

第三节

采一炼十

李可染家里有很多枚印章，"可贵者胆"、"所要者魂"一类是用来警醒自己，"废画三千"、"七十二难"、"千难一易"、"高峰无坦途"一类是为了激励自己。他在新山水画的创作探索中，经历了无数的艰难险阻，却从来未曾想过要放弃。

"在传统和生活的基础上进行创作，要克服许多矛盾：旧传统与新生活的矛盾、民族的与外来的矛盾，现实生活与艺术境界的矛盾……传统必须受生活检验决定其优劣取舍，而新的创造是作者在大自然中发现了前人没有发现的新的规律，通过思维、实践发展而产生新的艺术境界和表现形式。我要保留中国艺术名贵的东西，但要将其拉到现代，让人感觉是今天的艺术。"这些矛盾在李可染这里得到了化

创作中的李可染

解，他用自己的执着和吃苦耐劳的精神，走出了一条伟大的国画改造之路。

1960年，李可染提出了艺术创造要有"采一炼十"的精神。采矿的过程充满了艰辛，而冶炼更要付出百倍的努力。李可染提出，真正的艺术创造必须兼有采矿工人和冶炼家双重的艰辛和勤奋，此谓"采一炼十"。

李可染认为，从山水写生到山水创作的过程，恰如采矿冶炼的过程，需要不断地付出艰辛，耐得住寂寞，才能够完成对景致更好的创作。李可染将西方油画艺术的光影与传统的水墨画完美结合，创造出了独特的"李家山水"风格。即便饱受争议，李可染从来未曾动摇过自己的信念。

1961年，李可染成立了山水画室，将对景写生的方法应用到中国画教学当中，形成了自己独特的山水画教学体系。离开临摹的画室，亲身到山水当中体验，把壮美的山河景观变成一幅绝美的艺术作品，他的教学理念，改变了传统国画高高在上的姿态，使之更多地融入到现实生活和自然山水当中，影响了一大批人创作中国画的观察方法，以及他们创作的思维和表现方式。这种山水画教学体系也改变了更多的人，让画家们普遍开始关注写生创作，让中国画的市场出现了新的声音。而李可染鲜明的个人特色，也促进了传统国画的改变与生活，让他成为了一代宗师，声誉响彻海内外。

　　"没有人像他那样，既是改良主义领衔人物徐悲鸿、刘海粟、林风眠的后继者，又是传统主义领衔人物齐白石、黄宾虹的接棒人；没有一个改良主义画家在中国传统绘画的功力上达到了他那样可以和传统派大师媲美的程度，也没有一个传统主义的画家像他那样成功地在创作中融入了从欧洲文艺复兴到西方现代绘画的如此多种因素；没有一个传统主义的画家像他那样在风格上与传统划清了界限，也没有一个改良主义的画家做到了像他那样既融合西方绘画的方法又充分地体现了中国传统绘画的精神。"李可染的学生万青力认为李可染是改革国画的最佳人选。

　　山水画室成立之后，李可染也从来没有停止过写生，他身体力行实践着自己"采一炼十"的主张。接下来的三年时间里，他根据季节寻找美景，冬天到广东从化，夏天到北戴河，完成了一大批优秀的山水写生作品。这其中就有《万山红遍》《黄海烟霞》《清漓天下景》等知名作品。

　　齐白石绘画速度很慢，却下笔惊人。关于齐白石的绘画态度，李可染说："过去我常看齐白石作画，和很多人的想法相反，他不是画得很快，而是很慢；不是随随便便，而是十分严肃。越是大笔墨的画，越需要小心经意，因为要在简单的几笔里表现丰富的内容，这不是轻而易举的事情。"

　　在这一点上，李可染也深得其精髓。他在绘画创作过程中非常严谨，力求慢而稳，每一幅画都要经过巧妙的构思，往往在经过一番考量和审视之后才会下笔，层层渲染，灵动而浑厚。有时候一幅画他要画几天，有时候甚至是好几个月。而这些画当中，有很多成稿被他称为"废画"，因为对自己要求特别高，他一遍又一遍地画，追求更好的作品，不知不觉中，就有了"废画三千"的佳话。

　　李可染还特意给自己刻了一枚"废画三千"的印章，鼓励自己不要怕画坏。他对学生说："怕画坏是没有出息的，只要用心画，画坏了没有关系。因为怕画坏，就墨守成规，不敢突破，总在自己的圈子里转，这是一种惰性的表现，是很难进步的。"

李可染作品《阳朔南山厄渡头》

　　学习传统是需要下狠功夫,吃很多苦的,从来没有捷径,古今中外的绘画大师们,都有着"采一炼十"的精神。李可染常常说自己在绘画方面根本不是靠什么天才,他是困而知之,是个名副其实的苦学派。正是因为苦心钻研绘画创作,他觉得自己像齐白石老师一样,时间根本不够用,他把所有的经历都投入到绘画上,依然觉得自己是"时间上的穷人"。

　　提到苦学派,李可染说:"(苦学派)共同的特点是汲取大自然的精华,进行创造;治学态度严谨、认真、刻苦、顽强;画风严谨、深厚、饱满、凝重;气势博大雄浑;基本功扎实过硬。这也可说是苦学派的一些特征、个性。"正是因为这些,他才有了强大的精神力量,行程数十万公里写生,排除万难改革国画。

　　其实以李可染当时的水准,根本不存在多少废画的可能,这无非是源于他对自己的苛刻,对艺术追求的认真罢了。正是因为有这么多的"废画",才有了李可染力透纸背的功力,奠定了他在美术界的基础。

　　"艺术家除了聪明以外,还要老实,市侩性格的人成不了大艺术家,因为他怀着投机取巧的侥幸心理,早上下了点功夫,晚上就想取利。好的艺术家,都具有朴实的品质。"李可染在谈到艺术家应该具有的品质时,着重强调了"朴实"二字。这里除了对外生活的朴实之外,更是对待创作的朴实,在创作过程中,抛弃名利等外界因素,沉下心去用心钻研,不怕吃苦,耐得住寂寞,完成最好的作品。这种朴实的精神是最难得的,也只有具备了这种朴实精神的画家,才能够成为影响一代人的大师。

第四节

万山红遍

　　中华人民共和国成立之后，关于诗歌的创作，毛泽东曾经提出应该将革命现实主义和革命浪漫主义结合起来的观点。他指出："中国诗的出路，第一条民歌，第二条古典。在这个基础上产生出新诗来，形式是民族的，内容应当是现实主义与浪漫主义的统一。"

　　同理，在绘画艺术方面，也当如此。这正是李可染多年来所坚持和秉承的理念。毛泽东的艺术理论让画家们纷纷投入到革命圣地画创作的浪潮当中。当时著名的画家们都在研究毛泽东诗意山水画，大家的热情都很高。作为一个爱国人士，游历写生回京的李可染自然也投入到这项创作当中，希望能够用自己的画笔展现毛泽东诗词中的山水意境。

李可染和徐悲鸿一样，是有着爱国主义情怀的画家。在李可染的写生之路上，他给自己的座右铭一直都是那句"为祖国山河立传"。李可染对自己的弟子说："人们在赞美美丽的自然景观时，经常说'江山如画'；但我认为应当改为'画如江山'。原因是人们所作之画无论如何也赶不上真正大自然的美丽壮观。过去画家由于出行条件的限制，难得饱览各地名山大川写生，一辈子临摹前人作品，画出的画死气沉沉。这种毫无生气的画怎能取代真山真水呢，更别说超过了。所以说'江山如画'是贬低了大自然。"

李可染把"为祖国山河立传"当作自己的信念，尽自己的努力去还原最美的祖国山水，一路吃苦受难都没有动摇过决心。一直到他的晚年，都在践行自己的诺言，他画了大量的红色题材山水创作，给后人留下了不少旷世经典。

北京保利 2012 春拍中国近现代书画夜场上，李可染的作品《万山红遍》创下拍卖预估的最高价 2.8 亿元人民币，最终成交价 2.9325 亿元人民币，震惊了海内外美术界。很多人觉得，李可染的作品，值得这个价，他一生为了绘画所付出的艰辛，更是无价的。

李可染一生有很长的时间都在参与革命宣传活动，也画了很多革命题材的作品，其中《万山红遍》就是以毛泽东《沁园春·长沙》为母题创作的。毛泽东的诗词意境深远，很难表现得淋漓尽致，像"看万山红遍，层林尽染"这样的诗词意境更少有画家敢尝试。

"万山红遍"这个题材成了当时画坛的一个大难题，想要体现它，有两大难处。第一，想要体现出这样壮阔的景观，非常考验画家的功底和空间驾驭能力；第二，中国的山水画一直是以水墨着色，如何才能将"红遍"体现出来呢？据邹佩珠说："可染很着急，他放下人物画研究，以山水画作为突破口，要探出一条新路子。"

第一个难题，对李可染来说已经不构成威胁。多年来他走南闯北，在海内外游历写生，积攒了丰富的山水画创作经验，对造景的空间构造也有着自己独

万山红遍层
林尽染
一九六四年秋写为
毛主席词
意于北京西山
可染

李可染作品《万山红遍》

特的技法。为了解决第二个难题，李可染下了很大的功夫。万山没有问题，但是想要表达出"红遍"的意境和气势，是很难的。

李小可回忆："父亲选择用朱砂来描写秋天，是因为它绚烂而雅致，不像一般的夕阳红、胭脂、朱磦等，虽然鲜艳，但是沉着感不足。过去朱砂在绘画上多用于佛像、钟馗、花卉等，而以如此大量的朱砂创作山水画，并无先例。因为朱砂完全不透明，没有层次，难以入画。如何使它与墨交织在一起，以便浑厚、有层次地去表现磅礴的大山，是创作中需要解决的重要问题。父亲在以水墨为主体的中国山水画改革中，进行了将水墨与色彩相结合的尝试，他把朱砂和墨反复叠加，通过这种交错形成浑然一体的表现效果。这是'千难一易'的创作过程，也是历经漫长的积累与修悟。"

想要画出气势磅礴的"染"，就必须有朱砂上色。李可染对绘画材料极为挑剔，也深知普通的朱砂很难画出如此壮阔的气势。那么如何寻到一盒上等的朱砂就成了李可染亟待解决的问题。

李可染到处托人打听。皇天不负有心人，终于让他在一次偶然的机会得到了半斤乾隆朱砂。这乾隆朱砂是从故宫里流出的，是当初乾隆皇帝的玉玺盖印专用的极品朱砂，世间少有，珍稀至极。得到这半斤朱砂的那一刻，李可染十分激动，他心里很清楚，万事俱备，有了这朱砂，他一定能让万山"红遍"。

关于朱砂作画，李可染跟自己的学生说："多亏一位朋友从故宫找来了一块半斤重的朱砂墨。我就用积墨、积色的方法，千点、万点，层层叠叠，积出深秋的山村，如火一样的感觉，将秋意表现得淋漓尽致。半斤朱砂墨，画了三幅不同大小，不同构图的'万山红遍'。这也是时代的产物，是浪漫主义与现实主义的结合，重要的是表现了祖国河山壮丽无比。"

李可染前前后后一共画过七幅《万山红遍》。1962年，在广东从化温泉疗养地诞生了李可染的第一幅《万山红遍》，这是李可染第一次尝试创作这个主题。次年，他又在这里画了第二幅《万山红遍》。两年之后，他回到北京，在西山八大处疗养地接连完成了四幅《万山红遍》。而第七幅《万山红遍》作品,是他为了纪念国庆十五周年所作。

《万山红遍》系列作品展示出了超高的审美境界,可谓出神入化、气象万千。邵大箴评价这些作品,"成功地把西画的素描造型技巧和光影效果融合在传统水墨的表现语言中"。

李可染用他的作品向全世界人民证明了他的话:"我们中国画的价格始终是远远低于它自身的艺术价值的。我们杰出的古代名家之作,论价值绝不逊色于凡·高、雷诺阿,以及马蒂斯等西方画家之作。"

吴冠中先生对《万山红遍》更是道出了李可染这些年来绘画历程的变更:"我感到《万山红遍》一画透露了作者艺术道路的转折点,像饱吃了十余年草的牛,李可染着重反刍了,他更偏重综合、概括了,他回头来与荆、关、董、巨及范宽们握手较量了!他追求层峦叠嶂的雄伟气势,他追求重量,他开始塑造,他开始建筑!李可染采用光影手法加强远近感,他剪凿山的身段以表现倔强的效果。"

此后,李可染又画了很多革命圣地画作品,以《井冈山》《长征》《漓江胜境图》等为代表,歌颂祖国大美山河。"我们画山水画也就是为祖国河山树碑立传,这就是山水画的爱国主义之所在。"李可染说,"博大胸怀下创作出的作品必定是具有宏伟的艺术风格。"

第五章

HUANIUDASHI

画牛大师

在画牛的时候，李可染内心放松，将压力全都抛诸脑后，也因此他画的牛常常让人觉得灵动豪放。笔墨十分精妙，力透纸背。李可染仅仅用最简单的墨色，就勾勒出了牛最传神的形态，甚至画出了牛身上毛发的反光效果，不得不让人赞叹。也因此，李可染成了公认的"画牛"大师。

第一节
画牛

1976 年以后，李可染终于过上了较为安定的生活。邹佩珠和孩子们陪伴着 70 多岁的李可染经历了无数的风雨，一家人难得团圆。然而长期以来，由于无力照顾几个孩子，李可染一直都自责不已。

据邹佩珠回忆，李小可从部队复员之后，在工厂打铁十多年。小儿子李庚在内蒙古牧马十数载。女儿在六盘山插队的时候，得了脉管炎差点截肢，回到北京的时候已经白了头，明明才 20 岁出头的青春年华，却被岁月折磨得快没了人样。一家人见到她之后，抱头痛哭。

1978 年，李可染当选为第五届全国政治协商会议委员。1979 年，李可染当选为中国美术家协会副主席、全国文联委员，并被任命为中国画研究院院长。北京饭店也向李可染发出了邀请，将他之前所画的作品一一列出，请他重新补上了署名。这位饱受苦难的画家，在熬过了最黑暗的时刻之后，终于见到了新生活的曙光。

写生中的李可染

1981 年，鲁迅先生诞辰 100 周年，李可染特意书写了鲁迅联语以表怀念。他写道："鲁迅先生联语云'俯首甘为孺子牛'，此语给我启发教育，吾因此开始画牛，并名我画室为'师牛堂'，今逢鲁迅先生诞辰一百年纪念，写此以志敬仰。一九八一，可染并记"。

生活重新回到正轨之后，李可染除了外出写生的时间，几乎都在画室里专心画牛，创作出了《水牛赞》《五牛图》《九牛图》等一批优秀的作品。因为那句"俯首甘为孺子牛"让他触动颇深，在经过了这些年的动荡之后，他更加珍惜绘画的时间。对李可染来说，牛不仅象征着吃苦耐劳的中华民族精神，更是他用来激励自己的主题。他给自己的画室取名为"师牛堂"，身体力行地践行着"孺子牛"的精神，在提及画牛的原因时，他能滔滔不绝地说很久。他认为牛有着真本事，脚踏实地，一生都勤勤恳恳地为人民服务，从来都不居功自傲，值得我们去学习和赞颂。"牛也，力大无穷，俯首孺子而不逞强。终生劳瘁，事人而安不居功。纯良温驯，

李可染作品《春》

时亦强犟,稳步向前,足不踏空,形容无华,气宇轩昂,吾崇其性,爱其形,故屡屡不厌写之。"他在自己的作品《五牛图》上所提的字,充分表现了他对牛的喜爱。

在画牛的时候,李可染内心放松,将压力全都抛诸脑后,也因此他画的牛常常让人觉得灵动豪放,笔墨十分精妙,力透纸背。李可染仅仅用最简单的墨色,就勾勒出了牛最传神的形态,甚至画出了牛身上毛发的反光效果,不得不让人赞叹。也因此,李可染成了公认的"画牛"大师。

1983 年 10 月,李可染在日本举行画展,此次"李可染中国画展"分别在东京和大阪两个城市举行。吴作人先生为此次画展作序,他在序言中说:"艺术天地至广,而于山水匠心独运。峰峦隐显,云烟吞吐,乃古人所未逮;岚影树光,以墨胜彩,创境界以推陈。"李可染的作品此时已经进入巅峰时期,点墨成金,让无数人见证了中国画之美,获得好评如潮。

同年,李可染参与录制了教学视频《峰高无坦途——李可染的山水艺术》,将自己的绘画经验和心得坦诚相授,给大家留下了宝贵的学习材料。接着《为祖国河山立传》《李可染画牛》等欣赏片也陆续完成,越来越多的人了解到了李可染其人其事。1984 年,李可染的作品《江山无尽图》获得第六届全国美术展览荣誉奖。在经过了诸多苦难之后,李可染和他的中国画终于走向了更好的未来。

随着经济和政治的繁荣和稳定,书画艺术也慢慢地恢复了往日的生机。作为享誉海内外的著名画家,李可染获得了极高的赞誉和尊敬,然而这也给他带来了一系列的困扰。因为总有各种机构邀请他参加应酬,还有一些知名人士向他发出邀请,更有无数来自海内外的绘画人士来找他论画,这让他一时之间成了"大忙人"。李可染其实很无奈,这些应酬让他根本无法专心画画,让他心烦不已。

有一次,李可染正在家中专心作画,突然来了一位不速之客,来人操四川

渡石溪水艤系溪船细雨濛濛濛叫杜鹃花片打门真已暮春牧童猎老牛眠桐下枕牛

李可染作品《枕牛图》

口音，一进门就忙作揖拜师，把他吓了一大跳。李可染问他，我不认识你，你怎么一见面就要拜师啊？对方支支吾吾半天说不清楚，最后吹嘘了一堆李可染的艺术成就，表达了自己强烈想要拜师的愿望。对方嬉笑着说了半天，看李可染并没有要答应的意思，便摆手招呼跟自己一同前来的摄影师。李可染一看，对方拜师不成又要跟自己照相，心下不悦："年轻人怎能这么搞，真是莫名其妙！"他表现出要送客的意思，但是对方嬉皮笑脸假装听不懂。李可染生气了，他直接说："我收学生如同做人一样非常认真，我不仅要了解你，更重要的是人必须

李可染作品《忽闻蟋蟀鸣 容易秋风起》

让我看中。因为当了我的学生，我就要对你负责，我就要分出有限的时间指导你，因此我不轻易收学生。我和宋涤认识 10 年了，他多次提出想拜我为师，直到 1986 年我在美术馆办展，才在给宋涤的请柬上明确写上'宋涤弟子收'。"

李可染从来都不吝于将自己的绘画理念和技巧传授给后辈，但是他对弟子的要求极高，这是他对自己的要求，也是对中国画的负责和尊重。

后来，又有人来登门拜访，李可染干脆躲在屋内，让家人告诉来人，说自己去山里当和尚了，以后别再来了。来人觉得尴尬，自讨没趣，便离开了。有人说李老出名了，脾气也大了，李可染不在乎，他都七十多岁了，他剩下的时间都用来画画还不够呢，哪有那么多工夫去应酬？

为了躲避应酬，1986 年李可染甚至躲到了北戴河。此后，他每年都会抽出一个多月的时间住到北戴河去，并且交代家人，不许告诉外界自己的行踪，也要北戴河宾馆的相关人员为自己保密。大家很感动李可染专心作画的精神，几年来一直替他保密，这样他才有时间可以躲开来访的客人，专心画自己想要画的作品。

在北戴河每年休养的一个多月时间内，他其实只在海边待了不到半个小时，几乎把所有的时间都用到了画画上。期间只有家人和弟子来看望他，简单交谈的时候，他也几乎没有放下过笔墨。这段日子，李可染听听京剧，画画山水和花鸟，日子简单重复，却过得不亦乐乎。他的孙女小曦偶尔会跑过来看望他，或许是出生艺术世家的原因，小曦从小也喜欢画画，对艺术有着天生的敏锐，她特别喜欢看爷爷画画。李可染闲暇的时候，会手把手地教孙女画画，看着小曦画得有模有样，他深感欣慰。

作为一个 80 多岁的老人，长期伏案作画不是一件容易的事情，更何况李可染本身就有很多病症。他的弟子曾经劝他注意休息，但是他拿出了齐白石的作画精神来回应。回忆起恩师，他眼里闪着光："白石老人一生勤奋，从不懈怠，每天都要作画。白石老人说过：他这一辈子只有两次超过 10 天没作画，一次是母亲去世守灵，另一次是自己大病实在起不来床了。他的原则是：只要能爬起来，就要工作！这种工作精神激励着我，所以我常对自己说：'我是时间的穷人，更要抓紧每一分、每一秒。'"

有一次，李可染见到了摄影师在暗房中处理照片的方法，他揣摩之后，经过试验，把这些用到了自己的绘画当中。他对自己的弟子说："一定注意不要在原墨色、墨迹上重复加墨，一定要错开原笔触一些再加，这样不显得重复又能增加笔墨的层次感，或浓或淡如同洗照片，在第二次曝光时错移焦距几毫米，就会出现浮雕感。"他把绘画当作了一生都在学习和研究的事业。

那个时候，李可染的身体已经不太好了，因此画得也更慢了，能够画成的作品就显得特别珍贵。他总觉得时间不够用，越来越能体会恩师齐白石晚年时候对自己说过的话，恨不得一天画满 24 个小时，或者说，如果一天能有 36 个小时该有多好啊！

李可染为人和善，在离开北戴河的时候，他总会挑出一些画送给负责接待他的领导和服务员们，以示感谢。虽然这些画多为李小可代笔所作，大家也都理解李可染，特别爱戴他，这位老先生不仅德高望重，而且没有一点儿架子，他把一生都奉献给了绘画艺术，令人钦佩。

李可染家的抽屉里一直放着一张纸，叠得整整齐齐，打开来看，纸上只有简单的四句话。渔人之子，李白后人，中华庶民，齐黄之图。他一直用这四句话激励自己，提醒自己不要忘本，他所取得的艺术成就与各位恩师分不开，继承和发扬传统绘画艺术是他的责任，更是他的使命。

第二节

东方既白

随着改革开放的日益深入，西方油画在中国产生的影响也越来越大。北京出现了一个叫作"星星画会"的艺术团体，主张创作具有现代主义风格的实验性作品，先后举办了两届画展，引起了不小的轰动。李可染虽然平时总是沉默寡言，只知道画画，不喜欢社交，不理外界纷扰，但是对于时下的动态和艺术论调他一直都有关注。他虽然没去看画展，但是听人讲了当时的情况和作品，一直关注着，他还让黄润华将各种艺术思潮写给自己看。

1985 年，《江苏画刊》刊登了南京艺术学院中国画研究生李小山的文章，提出了"中国画已到了穷途末路"的论调。文章指出，中国画只能作为保留画种，并指名道姓地批评了

作画中的李可染

几位在世的中国画大师，震动了整个画坛。紧接着，《中国美术报》也大幅刊登了文章《中国画已到了穷途末路的时候》，在中国美术界掀起了非常激烈的讨论。

李可染也看到了这篇文章，他内心并不好受。当被人问起他的想法时，他这么回答："现在许多青年画家提出反传统，不要生活，而要返回到远古去。艺术家脱离生活和传统怎么行？生活是客观现实，传统是间接生活，间接的客观。这些都不要了，不就成了主观主义、随心所欲了吗？这些论调很有害。"末了，李可染意味深长地说了四个字——"东方既白"。这四个字出自苏东坡《前赤壁赋》里的"不知东方之既白"，他通过这四个字向艺术界传达了自己的观点，那就是中国画跻身世界艺术之林的曙光一定会到来。李可染还特地刻了一方印章，上面刻着"东方既白"四个字，用来提醒和鞭策自己。

1986年，李可染在总结自己创作经验的时候，这么说："假如我的作品有点成就的话，那是我深入学习传统、深入观察描写对象、深入思考、深入实践的结果。人离开大自然、离开传统不可能有任何创造。我现在已经70多岁了，我一辈子都在学习和研究的过程中……"他用自己的实际行动和一辈子的绘画历程来告诉世人，传统的中国画要到生活中去，中国画不会没落的。1989年，他特地写了一幅字"东方既白"，并在边款处题字："有人谓中国文艺传统已至穷途末路，而我却预见东方文艺复兴，因借东坡赤壁赋末句四字，书此存证"。

李可染认为，艺术不分国界，我们应该博采众长，但传统的中国画不会消弭和被替代，它有着自己独特的魅力，值得更多的人去为之奋斗和付出，他一生都在为传统国画的传承和发扬而努力着，从未放弃。

李可染早些年提出"可贵者胆，所要者魂"的绘画精神。这八个字，一直贯穿着他的绘画生涯。在绘画方面，他一直坚持学习和发扬传统国画，同时勇于创新，从不落前人窠臼。他认为，画画一定要有意境，这意境不仅要体现出景物的客观形象，更要能够表达出作者的真情实感。因为好的作品，一定是要用感情才能画出来的。

第三节

荣誉与责任

　　李可染晚年的绘画水平已经达到了炉火纯青的水平，他的作品也在国内乃至国际上获得了极高的肯定，享誉海内外。他在晚年时候，写下了"澄怀观道"四个大字，这是一种禅的境界，更是他对自己70多年来艺术追求和实践的总结。

　　李可染在对美学的探索上，永远都没有停下过脚步。他说："现在我年近八旬，但我从来不能满意自己的作品，我常想我若能活到一百岁可能就画好了，但又一想二百岁也不行，只可能比现在好一点。'无涯惟智'，事物发展无穷无尽、永无涯际，绝对的完美是永远不存在的。"

　　除了画画之外，李可染还拿出了很多精力投身于公益

事业。1987 年 9 月,文化部正式注册成立了中国艺术基金会,邓小平先生亲自为"中国艺术节"提名。当得知这一消息之后,李可染先生非常激动,他找到了中国艺术基金会的负责人,表达了自己想要为中国艺术发展做出支持的愿望,并捐赠了 10 万美元。

为了感谢李可染先生,1989 年 5 月文化部特地举行了"著名国画艺术大师李可染先生为中国艺术节基金会捐款仪式",对他为了促进中国艺术事业发展所作出的贡献进行了表彰。

1988 年 1 月 4 日,国内外众多艺术家在北京人民大会堂举办了一场名为"修复长城,拯救威尼斯——世界艺术家义卖义演"的大型晚会。这场晚会邀请了多位国际知名的艺术家参加,现场观众近千名,并在电视上现场直播。

李可染作品《天都峰》

　　李可染也应邀参加了此次公益晚会,并且在晚会上现场拍卖了自己的作品《雨过瀑声急》。李可染以他极高的个人成就和出色的作品获得了大家热烈的掌声,这幅画被拍到了 4 万美元。最终,李可染将义卖所得的 4 万美元捐赠给了国际修复长城、拯救威尼斯委员会。李可染常常告诉自己的孩子们，长城是中华民族自强不息精神的象征，当我们有能力的时候，一定要为它做些什么，历史会让中华民族的灵魂更加灿烂。

李可染性格敦厚、隐忍，即使经历过"文革"的浩劫，他也从来没有埋怨过谁，他在苦难中依然坚持着自己所钟爱的绘画事业。自古文人相轻，但是这一点在李可染这里从来没有表现过，他说："我不一定是好人，但确实没有时间去做坏事。一个有理想的人，哪有时间去骂别人。"

李可染一生中没穿过什么好衣服，他为人非常简朴，也不抽烟、不喝酒，他将自己获得的大部分奖金都捐赠给了社会。他总说，我们要回报社会，要为人民服务，这从来都不是一句空谈。

到了 1989 年的时候，李可染已经是 82 岁高龄，由于多年来经受的颠沛流离和苦难，他的身体状况一直不太好，自然也成了医院的常客。他总是在感叹，自己的时间不够多，他想要画更多的画，看更多优秀的作品，学习更多的技巧和理论，为中国画的传承做更多的事情，给后人留下更多的财富。

这一年的 11 月，树叶已经落尽，他终于完成了自己的一桩心愿。中国美术馆为林风眠做了一场作品展，李可染在邹佩珠的搀扶下颤抖着来到展厅。他们带了一个很大的花篮，贺词写着"献给敬爱的林风眠老师。学生李可染、邹佩珠敬上。"那天，李可染在展厅里待了很久很久。林风眠一生坎坷，1977 年以后才定居香港，得以安定。李可染一直盼着，有生之年能够再看一次先生的画展，这一天他终于完成了心愿。他在每一幅画之前流连，细细地品味着，只有经历过岁月打磨和历练的人，才能够体会到他们的感情。做人永远都不能忘本，李可染看着林风眠的作品，回忆往日在杭州艺专的日子，60 年时间如白驹过隙，恍若隔世，如今他们都已是白发苍苍。他喃喃自语："林老师的画，真是让人振聋发聩……"和邹佩珠视线相接的时候，早已是热泪盈眶。

1989 年 12 月 5 日上午 10 时 50 分，李可染心脏病突发，抢救无效，与世长

李可染作品《黄山烟霞》

辞。这位国画大师的艺术生涯,永远地定格在了 82 岁。他把自己一生最美好的时光都献给了艺术,是当之无愧的一代国画大师。

在李可染逝世之后,遵照他的遗愿,妻子邹佩珠倡导成立了李可染艺术基金会,于 1998 年经过国家相关部门批准,正式注册,是国内为数不多的国家级艺术基金会。2007 年邹佩珠筹办了"李可染诞辰一百周年纪念会",她打算把丈夫的作品捐出来。当时李可染的作品身价翻了几十倍,很多作品都价值连城,孩子们建议她把画卖掉。邹佩珠拒绝了,因为李可染的作品,很多是反映国家和社会成就的,是宝贵的历史材料,如果卖掉了,甚至流失海外,那很多历史画面将无法呈现,成为缺憾。

在这一点上,邹佩珠一直和丈夫的观点一致,他们经历过岁月的风风雨雨,早已经把金钱看淡,更何况李可染一生都在追求作品服务于人民和社会,她更不能这么做。她和丈夫一样,希望祖国能够更加繁荣和富强,艺术可以蓬勃发展。她对孩子们说:"现在可染的画卖到上亿,对我们也不会有任何影响。钱不是安身立命的东西。人如此,一个民族也同样,有好思想才能自强不息啊。现在中国传统艺术有了市场,真让人高兴,但别把这些艺术都物质化了,忘却了背后承载的民族魂魄。那才是中华民族的立国之本,是用钱换不来的。"最终,邹佩珠将李可染各个时期具有代表性的 200 余幅作品捐赠给了国家。

李可染就是这样一位简单、质朴的艺术家,他将自己的一生都奉献给了绘画事业,人民不会忘记他,历史也不会。在中国的绘画史上,他的名字会永远流芳。